Rita Dolder
Claudia Weiss Gerber

Verka

«Wie lächerlich und weltfremd ist der,
der sich über irgend etwas wundert,
das im Leben vorkommt.»

Marc Aurel

Rita Dolder
Claudia Weiss Gerber

Verkaufte Illusionen

Zytglogge

Lektorat: Bettina Kaelin
Umschlagbild: Andreas Schärer, «Zauberlehrling», 1999
Satz und Gestaltung: Zytglogge Verlag Bern
Druck: Freiburger Graphische Betriebe, Freiburg i. Br.
ISBN 3-7296-0593-3

Zytglogge Verlag Bern, Eigerweg 16, CH-3073 Gümligen

Inhalt

Immer neue Illusionen …

Ritas Vorspiel

Ich verkaufe Illusionen. Immer noch, auch wenn ich längst nicht mehr meinen eigenen Körper an Freier vermiete. Aber die Prostitution ist eine einzige, riesige Illusion, die alle verblendet: Die Prostituierte, die meint, sie könne rasch einsteigen, viel Geld verdienen und rasch wieder aussteigen, und die hofft, die Freier mögen sie als Person trotz allem irgendwie, sonst kämen sie doch nicht gerade zu ihr.

Auf der anderen Seite die Freier, die trotz allem glauben möchten, sie bekämen nebst der Triebbefriedigung auch Zärtlichkeit und Achtung mitgeliefert, und die das Gefühl haben, mit einem Gang ins Puff betrögen sie ihre Frau nicht. Dann die Umwelt, die sich in «normalen» Verhältnissen wähnt und am liebsten die Prostitution daraus verdrängen möchte: Die Freier kommen schliesslich aus diesem «normalen» Umfeld und kehren wieder dorthin zurück.

Und nicht zuletzt die Gesellschaft, die ihren Politikern vertraut und daran festhält, dass diese «sauber» sind, die Prostituierten dagegen «schmutzig». Nichts als eine schillernde Seifenblase.

Der Politiker seinerseits lebt in der wundersamen Illusion, er könne seine widerlichen Sexspiele durch parlamentarische Machtspiele gegen die Prostitution und für die Moral wegreden.

Damit soll nun Schluss sein, gegen dieses Vogel-Strauss-Spiel wehre ich mich.

Aber ich merke immer wieder, dass besonders bei Freiern billige Illusionen offensichtlich gefragt sind: Je heftiger ich in einer Talkshow oder in einem Zeitungs-Interview gegen die Männer wettere, desto eifriger besuchen sie meinen Salon. Es erstaunt mich zutiefst, dass dieselben Männer, die sich meine Tiraden anhören, sich zwar bei mir bitterlich beschweren, aber bloss zwei, drei Whiskeys später die Hose runterlassen und sich von mir bestätigen lassen, dass sie das allerschönste, allergrösste Glied hätten. Und, noch verblüffender: Sie glauben mir, wenn ich das routinemässig bestätige.

Natürlich schwäche ich meine Aussagen ab, indem ich im Gespräch betone, ich meine alle ausser gerade denjenigen, der vor mir steht. Und sie glauben mir, als hätten sie nie zuvor gehört, was ich von ihnen allen halte. Da verstehe einer die Welt noch!

Soweit zu den Illusionen der Freier. Doch auch deren Frauen bleiben trotz meinen ungeschminkten Aussagen der Überzeugung, ich könne wohl über die Männer herziehen: «Aber meiner doch nicht.»

Im Endeffekt aber bin also auch ich, trotz meinen über 30 Jahren in diesem Gewerbe, nicht von meinen Illusionen geheilt: Mit all meinem Wissen über Männer, ihre Treulosigkeit und Lügen hat sich immer noch eine klitzekleine Hoffnung in meinem Kopf – oder besser in meinem Herzen – festgeklammert, und ich träume noch heute, mit 55 Jahren, von einem wundervollen Mann, mit dem ich alt werden möchte. Vielleicht einer, der sich sexuell schon total ausgelebt hat und es nicht mehr nötig hat, mich zu betrügen? Allerdings ist dieser Mann schwierig zu finden oder sogar unauffindbar. Ich stelle heute hohe Ansprüche an den Charakter und die Intelligenz eines Mannes, und bisher habe ich nur Typen angetroffen, die entweder nicht sehr hell oder schwul waren oder bereit, viel zu zahlen, um noch einmal mit mir Sex zu haben. Und zwar nicht, weil ich so schön bin, sondern weil ich Erfahrung habe und sie hoffen, sie könnten noch etwas von mir lernen. Einem Freier, der unbedingt mit mir ins Bett möchte, halte ich deshalb meinen Standardspruch entgegen: «Wenn ich noch einmal mit einem Mann Sex habe, dann mit einem, der mehr Erfahrung hat als ich – und das ist nicht gut möglich.»

Zugegeben, es ist eine Schutzmauer, die ich mir da aufgebaut habe.Trotzdem: Die Illusion, dass eines Tages mein Traummann dasteht, guckt immer wieder wie ein kleines Schlänglein um die Ecke und ruft: «Ich bin immer noch da, kann ich bleiben?»

Wahrscheinlich haben da Männer und Frauen doch etwas gemeinsam: Das vernünftige Denken, das Denken mit dem Kopf, kann manchmal völlig ausgeschaltet sein. Nur übernimmt bei Männern bisweilen ihr Glied das Denken, bei Frauen dagegen das Herz!

Die eine, die allergrösste von allen Illusionen, habe ich allerdings überwunden: Mit 20 glaubte ich, sobald ich reich sei, würde ich auch schön und geliebt sein. Dem ist nicht so. Ich habe zwar meine Reisen in die entferntesten Länder ausgekostet, liess mich in teuersten Hotels als Dame behandeln und leistete mir für zigtausend Franken einen Concorde-Flug von London nach New York. Da sass ich, stolz und strahlend wie eine Prinzessin – und keiner der Geschäftsmänner mit ihren Laptops und Aktenkoffern schaute mich auch nur flüchtig an. Nicht einmal die Stewardess beachtete mich über das Notwendige hinaus. Erst als sich herausstellte, dass meine Reisetasche verloren gegangen war, bekam ich etwas Aufmerksamkeit. Welch ein Aufwand für nichts!

Immerhin habe ich dank dem Geld viele wichtige Länder und Inseln kennen gelernt, habe mir auch immer die Mühe genommen, Land und Leute wirklich zu erleben und nicht nur im Hotel am Pool zu sitzen. Tahiti, Morea, Bora Bora: wunderschöne Trauminseln – aber wie viel schöner sind sie doch, wenn man verliebt unter den Sternen am Strand spazieren gehen kann!

Wenn mir heute einer vorprahlt, wo er soeben herumgereist sei und wohin er demnächst jette, habe ich eher Mitleid mit ihm als Neidgefühle. Klar, Asien ist einzigartig, auch Australien und Amerika haben mir gefallen, aber heute bin ich bescheidener geworden. Ich träume nicht mehr von Südseeinseln, sondern bin schon glücklich, habe ich endlich einmal einen Christkindl-Markt gesehen, nämlich jenen in Strasbourg.

Auch das riesige Mobilhome in Frankreich am Meer, das ich mir vor Jahren erträumte, ist mittlerweile geschrumpft auf einen kleinen Wohnwagen.

«Luxus» bedeutet für mich heute ein Spaziergang bei frischem Wind am See, der Genuss, schon um 22 Uhr ins warme Bett zu kriechen oder mir selber einen neuen Blumenstock für mein Schlafzimmer zu schenken.

So werden viele Träume am hellen Tageslicht kleiner, so tanzen Illusionen davon: Sie sind schön und hartnäckig – aber wenn man nach ihnen greifen will, sind sie weg.

Schein und Sein

Eine Nacht im Salon Princesse

Stöhnend wälzt sich die kaffeebraune Schöne mit dem muskulösen Kunden auf dem Wohnzimmerboden, küsst ihn gierig und umklammert ihn mit den Beinen. Von hinten reibt eine heissblütige Blonde ihre Brüste an seinem Rücken, eine dritte streichelt sich zwischen seinen Beinen hoch. Auch aus dem Nebenzimmer tönen eindeutige Geräusche überschäumender Lust, ekstatisch ruft ein Kunde seinen Organismus durch den Raum, während im Gang zwei löwenmähnige Tänzerinnen in schwarzen Lederbodys eine scharfe Lesbenshow trainieren. Die langhaarigen Schönheiten an der schummrigen Bar kümmern sich hingebungsvoll um drei Cuba libre trinkende Kunden, präsentieren ölglänzende Dekolletés und können ihre flinken Finger kaum mehr zurückhalten.

So weit die feuchten Männerträume ...

Kehren wir in die Wirklichkeit zurück. Im Salon Princesse ist es ruhig, die Wohnzimmer-Bar ist verwaist, und der lebensgrosse Porzellanleopard zwischen den beiden afrikanischen Holzstatuen bleckt seine Zähne unbeachtet im Halbdunkeln. Im Cheminée prasselt ein heimeliges Feuer, und die grosse, schwarze Leder-Polstergruppe wird vom Flimmern des überdimensionierten Fernsehbildschirms erhellt. Eine ganz normale, ja schon fast bünzlige Stube in einem ganz normalen Einfamilienhaus-Quartier auf dem Land. Von aussen erinnert nichts an einen schummrigen Rotlicht-Salon, ausser das diskrete Plakat «Sauna Club Princesse» am grossen grünen Garagentor.

Neunzehn Uhr zehn: Der erste Freier klingelt. Ein etwa 50-jähriger grauhaariger Gemüsebauer aus der Gegend, sehr freundlich, sehr schüchtern. Er drückt Rita verlegen lächelnd eine Plastiktüte mit einem riesigen Salatkopf, Gurken und Radieschen in die Hand: «Hier, ein paar Vitamine.» Rita ist gerührt, dankt ihm herzlich und ruft nach Laila. «Ein Pummelchen, aber sehr lieb, nicht so durch und durch professionell», erklärt sie dem Freier, der sich mit dem Rücken zu mir in der Polstergruppe niederlässt. Sie empfiehlt ihm, unbedingt einmal «mit Sauna» auszuprobieren, es sei sehr entspannend. Der Mann nickt ergeben und lässt sich kurz darauf von der 20-jährigen Brasilianerin in die unteren Gemächer entführen.

Bereits zwölf Minuten später steht er wieder da: Um hundert Franken leichter – und um hundert Franken zufriedener? «Und, wie war's? Gell, sie ist lieb?», erkundigt sich Rita. «Mhmm», nickt der Mann, er kann es anscheinend kaum erwarten, wieder nach draussen zu gelangen. Rita mag ihn offensichtlich. «Ein sehr angenehmer Freier, leicht zufrieden zu stellen und freundlich gegenüber den Prostituierten – insofern eigentlich nicht ein typischer Freier», lautet ihr Kommentar.

Zwanzig Uhr: Kein Freier weit und breit. Ich sitze in der Essecke am Tisch mit dem sonnengeblümten Wachstischtuch, vom Wohnzimmer durch einen beigen Häkelvorhang abgetrennt. ZwergpudelinTanja döst in ihrer Ecke, und auch die wilde, riesenhafte Beauceron-Dame Leika hat sich nach ihren ersten überschwänglichen Gefühlsausbrüchen beruhigt und liegt unter dem Tisch.

Rita ist ungeschminkt, trägt einen beigen Pulli zu ausgebleichten Jeans und keinen Schmuck, ausser einem goldenen Armkettchen und einer schmalen Halskette. Sie raucht fast ununterbrochen, hie und da fällt ein Aschestreifen unbeachtet aufs Tischtuch, welches schon etliche Brandflecken aufweist. «Ich weiss, eine schlechte Angewohnheit. Aber ich mag gar nicht aufhören – ich könnte wohl auch nicht –, irgendetwas muss ich ja noch haben.» Ihre Stimme ist wie immer sanft, wohl moduliert, ihre braunen Augen hinter der feinen Goldbrille blicken ein wenig müde.

«Was trinkst du?» Rita springt auf und verschwindet hinter der überstellten Küchenablage: In einem kleinen Aquarium paddeln Mini-Goldfische, beinahe verdeckt von einem Riesenstapel neuer Zigarettenpäckchen, Papierbergen, Töpfchen mit Lippenpomade, Vitamintabletten und allerlei Krimskrams für den Haushalt. Essbares wird allerdings sicher versorgt: Alles, was nicht weggepackt ist, fällt der Neugier der Riesenhündin Leika zum Opfer. Diese dominiert in letzter Zeit den Alltag der Puffmutter, zwingt sie, früher aufzustehen, und verlangt mit viel Nachdruck regelmässige Aufmerksamkeit: «Ein verrücktes Tier. Sie liebt Frauen und hasst Männer», strahlt Rita.

Anfangs verursachte ihr jedoch ein kleiner Mangel Leikas etliches Kopfzerbrechen: Die Hündin bellte jeden Freier an wie wild, weil sie sich in Wirklichkeit vor Männern fürchtete. «Ein toller Schutz.» Rita zuckt die Schultern und stellt die Teetassen auf den Tisch. Mittlerweile hat sie Leika mit viel Geduld «normalisiert», nun erweist diese sich als zuverlässige Wachhündin und erfüllt ihren Zweck. Zu oft versuchen ganze Gruppen – vielfach aus Ex-Jugoslawien – mit List in den Salon zu schleichen, indem einer klingelt, während sich die anderen im Garten oder im Gebüsch hinter dem Haus verstecken. Auch sonst streichen immer wieder komische Gestalten ums Haus. Eines Tages versuchten zwei gleichzeitig einzusteigen, einer durchs Kellerzimmer, ein anderer über die Tanne hinter dem Schlafzimmerfenster. Auch gegen angriffslustige Freier hilft der eindrückliche Vierbeiner: «Als einmal in meiner Abwesenheit ein Freier nicht zahlen wollte, weil er behauptete, nicht richtig befriedigt zu sein, rief die betroffene Frau nach Leika», erzählt Rita. Sie grinst breit: «Wahrscheinlich hat noch nie ein Mann so schnell sein Portemonnaie gezückt wie dieser Typ, als Leika laut bellend ins Zimmer sprang.»

Im Moment ist aber immer noch kein Haar eines Freiers zu sehen, der kleine Überwachungsmonitor in der Küchenecke bleibt unverändert leer. Das Gerät läuft ständig, wenn Rita da ist. Es hilft ihr, sich darüber zu orientieren, wer kommt – und wer wieder geht. Unweigerlich wandert ihr Blick alle paar Minuten zum Bildschirm, automatisch registriert sie die Geschehnisse vor ihrer Einfahrt. Wir plaudern über Männer, Illusionen und Prostituierte und warten: sie gespannt, wie viel heute Abend läuft, ich gespannt, wie sich ein «typischer» Freier nun tatsächlich benimmt.

Nicole, die zweite der beiden 20-Jährigen, taucht kurz im bedruckten Frottee-Pyjama auf, schnappt sich etwas zu essen und verschwindet wieder in ihrem eigenen Zimmer im Untergeschoss. Sie wird sich umziehen und für allfällige Arbeit bereitmachen. Auch die 38-jährige Lisa taucht auf. Sie hat eine lange Nacht mit einem Freier, der bleiben wollte, hinter sich. Bis vor kurzem hat sie ihren Schlaf nachgeholt.

Plötzlich piepst Ritas Handy: ein Freier, der nach Nicole fragt. Rita findet, dieser würde sich für ein kurzes Gespräch eignen. Ich bin gespannt. Zehn Minuten später: Die Kamera zeigt ein vorfahrendes Auto. Ein Mann steigt aus, nähert sich dem Gartenweg. Ich wäre nervös, wenn ich wüsste, der Typ will zu mir und verlangt für sein Geld eine intime Dienstleistung. Für Rita ist dies seit Jahr und Tag Routine und nicht der geringste Anlass für Nervosität, umso weniger, als sie ihn gleich weiterleiten kann. Aber auch während ihrer «Aktivzeit» hat sie sich nie Sorgen gemacht: «Ich sah immer nur das Geld, der Kunde war mir völlig egal.»

Schon klingelt es, Leika bellt wie wild, und Rita eilt zur verspiegelten Eingangstür. «Hallo, tschau, wie geht es dir? – Komm herein, Nicole kommt gleich.» Rita spielt die Rolle der zuvorkommenden Gastgeberin perfekt, geleitet den Freier zu einem Barhocker und reicht ihm ein Glas Mineralwasser. Der Mann ist etwas verlegen, als er mich gewahrt, erklärt sich aber auf Ritas Anfrage hin bereit, meine Fragen zu beantworten – «nachher».

Nicole erscheint, sie hat sich mittlerweile knappe Shorts und ein hautenges, nabelfreies Top übergestreift. Ohne Zögern geht sie auf ihren grossen, stämmigen Kunden zu, umarmt ihn ungeniert, haucht ihm durch die Luft kleine Küsse zu und beginnt ihn leicht zu streicheln. Eine Weile sitzen sie noch zusammen im Wohnzimmer, es stört sie nicht, dass ich von Zeit zu Zeit verstohlen hinüberschiele, dann verschwinden sie in einem der Zimmer.

Die Arbeitsräume habe ich vorher schon inspiziert, sie sind enttäuschend unspektakulär: Ziemlich karg eingerichtet, ein französisches Bett im einen, ein grosses Himmelbett im anderen Zimmer. Die Lampen sind verschieden einstellbar, je nach Bedarf können die Frauen rotes, blaues oder grünes Licht und gedämpftes Schummerlicht einstellen. Keine Folterkammern, keine ausgefallenen Sex-Werkzeuge, das Wildeste sind die Spiegelwände im Himmelbett-Raum. Natürlich kriegen die Freier auch Sex-Spielzeuge, wenn sie es wünschen: Hodenring und Vibratoren in diversen Ausführungen sowie ein kleiner Teppichklopfer aus Bambus liegen auf dem Nachttisch bereit, neben Kleenex, Kondomen und Baby-Feuchttüchern. «Früher hatte ich viel mehr Sex-Spielzeug», erklärt Rita. Aber heute genügen diese paar Toys: «Meine Frauen legen ohnehin keinen Wert darauf.» Und die meisten «Princesse»-Besucher sind Normfreier, die in irgendeiner Form Sex mit einer fremden Frau wollen. «Frischfleisch» heisst das im Freierjargon, aber Rita lässt diesen Ausdruck für ihre Frauen nicht zu.

Spielzeuge ganz anderer Art dominieren die Privaträume der Frauen. Kuscheltiere und Kitschpuppen belagern die breiten Betten, in denen sich die Brasilianerinnen am liebsten aneinander kuscheln, sobald die Freier weg sind – eine warme, heile Ecke am Rand eines kalten, professionellen Geschäfts.

Im oberen Stockwerk liegt Ritas Reich, sie will sich auch räumlich vom Club abtrennen, dort haben Freier und Frauen nichts zu suchen. Hierhin zieht sie sich zurück, wenn sie müde wird oder das Bedürfnis nach Privatsphäre verspürt. Ein riesiges Kuschelbett dominiert das Zimmer, das Büchergestell quillt über von Biografien und Hexenbüchern aus dem Mittelalter. Unzählige Pflanzen verwandeln den Raum in eine Oase und werden von Rita hingebungsvoll gehätschelt: «Mitten im Winter machte meine Kamelie 16 Blüten – mein grosser Stolz», strahlt sie. Für romantisches Licht sorgen die rund 150 Kerzen in allen Formen und Farben, und die Heerscharen von goldig glänzenden Kitschengeln in Form von Mobiles, Statuen und Kerzenständern zeugen von einer besonderen Vorliebe: «Diese Pfusibäckli und die knalligen, herzigen Füdli – die liebe ich so.» Darum ist es wichtig, dass die Engel ganz sind, nicht nur aus Kopf und Flügeln bestehen – schliesslich darf auch eine Puffmutter ihren Spleen haben ...

Nach vierzig Minuten kehrt der stämmige Freier zurück, Rita führt ihn fast behutsam in die Küche. Der 32-Jährige, Rita nennt ihn der Einfachheit halber Peter, zieht an seiner Zigarette und setzt sich etwas zögernd. Meine Fragen beantwortet er aber völlig ungeniert, ein Puffbesuch ist für ihn ebenso normal wie für die meisten seiner Freunde und Kollegen. (Seine Antworten sind im Kapitel «Auf der Suche nach der Traumfrau» zu lesen). Als er sich verabschiedet, bin ich ernüchtert. So unspektakulär ist das Ganze, irgendwie so normal und noch unromantischer, als ich es mir eh vorgestellt hatte. Ich kann mir je länger je weniger erklären, was die Männer überhaupt reizt. Rita weiss es: «Die Aura des Verbotenen, das Anrüchige ist es, was die Männer anzieht.» – Na ja.

Mittlerweile ist es elf Uhr, ausser den beiden Freiern ist nichts gelaufen. Ich bin enttäuscht: statt rauher Mengen aufgegeilter Männer, die an der Bar unflätig reden – das kommt vor, Rita hat es oft genug erlebt – bloss Teestündlein mit der sanften Puffmutter. Rita ist auch frustriert, sie hätte mir gern etliche Freier zum Gespräch geliefert. Stattdessen löffelt sie genussvoll ihr Birchermüesli – «mein Znacht» – und brüht uns neuen Tee auf.

Zehn Minuten später. Endlich wieder ein Freier: Diesmal aber einer, der mich nicht sehen darf. Sofort Licht aus, nur die dicke, gelbe Kerze gibt ein flackerndes, schwaches Licht. Der Freier ist schon ziemlich angetrunken, spricht nicht mehr ganz deutlich und scheint ohnehin etwas seltsam. Rita bittet ihn trotzdem freundlich in die Stube, ruft nach Nicole. Der Mann – Halbglatze, Hornbrille, etwa fünfzig Jahre alt – mustert sie kurz und schüttelt dann den Kopf. «Zu schwabbelig», nörgelt er unzufrieden und kippt seinen Whisky hinunter. Nicole ist unbeeindruckt, verzieht sich kommentarlos wieder in ihr Zimmer.

Lisa taucht auf, scheint dem Freier zu gefallen. Kurze gemurmelte Verhandlung. Okay, abgemacht. Hundertfünfzig Franken wechseln den Besitzer, bezahlt wird im Voraus, und das Geld wandert sofort zu Rita: So besteht keine Gefahr, dass ein Freier sein Geld am Schluss wieder mitlaufen lässt. Lisa zeigt dem ruppigen Mann das Zimmer, doch zuerst verschwindet er im Badezimmer. Dort liegen stapelweise Waschlappen und kleine Tücher bereit: Stinkende Kunden sind nicht willkommen, sie werden kurzerhand zum Waschen geschickt.

Zwei Minuten später: Lisa ruft nach Rita. Diese springt sofort auf und eilt zum entsprechenden Zimmer, sie ist eh schon unruhig, seit der Freier da ist. Tatsächlich, es scheint einer der unangenehmeren Sorte zu sein, noch im Gang hat er Lisa mehrmals grob in die Brüste gekniffen. Rita verspricht Lisa, die Ohren offen zu halten und sofort wieder zu kommen, wenn sie ruft. «Dafür bin ich da», erklärt sie mir, als sie sich wieder am Tisch niederlässt. «Leider kommt es hie und da vor, dass ein Freier nicht mehr weiss, wie er sich benehmen muss, besonders wenn Alkohol im Spiel ist.» Alkohol ist ohnehin ein leidiges Thema für Rita: «Es ist kaum zu glauben, wer alles nachts völlig betrunken am Steuer sitzt», entrüstet sie sich. Klar, die meisten können sich nicht erlauben, Ritas Aufforderung zu folgen und in einem der Puff-Zimmer zu übernachten: Was würden sie ihrer Gattin erzählen? Lieber befriedigt und sturzbesoffen wieder nach Hause fahren.

Tatsächlich: Auch Lisas unbequemer Freier lässt sie nach einer langen halben Stunde wieder in Ruhe – über seine Präferenzen bewahrt sie diskretes Stillschweigen – und verabschiedet sich. Auf dem Videomonitor verfolgen wir, wie er zu seinem Wagen stakst und sich auf den Führersitz plumpsen lässt. Ich kann es kaum fassen, der Mann ist total blau, fährt aber das Auto rückwärts aus dem Parkplatz, als wäre es das Normalste der Welt. «Ist es auch», kommentiert Rita trocken. «Ich glaube, an Wochenenden triffst du nach Mitternacht praktisch keinen mehr auf der Strasse an, der nicht besoffen ist. Man stelle sich das mal vor!» Rita steht auf, eine neue Teerunde ist angesagt, und bei dieser Gelegenheit kriegt auch das Cheminée neue Nahrung: einen Riesenklotz Tannenholz.

Wieder geht die Türklingel: eine Fünfergruppe Portugiesen, Hilfsarbeiter bei den Gemüsebauern der Gegend. Lisa verhandelt mit ihnen unter der Tür, sie können sich nicht einigen: Rita muss her. Wieder eifrige Verhandlungen, zwei oder drei drängen sich in den Eingangsraum, aber Riesenhündin Leika flösst ihnen Respekt ein. Trotz Verständigungsschwierigkeiten bleibt Rita knallhart: «Nein, pas possible.» Hier ist kein Restaurant, hier können nicht vier gemütlich einen auf ihre Kosten heben, wenn nur der eine mit einer Prostituierten ins Zimmer will. Die Männer mucken ein wenig vor sich hin, dann ziehen sie sich frustriert zurück. Der Monitor zeigt auf, wie sie noch einige Minuten vor dem Gartentor verhandeln und überlegen, was sie stattdessen unternehmen könnten, dann trollen sie sich endgültig. Rita ist erleichtert: «Mit Ausländern, besonders wenn sie in Gruppen kommen, hatte ich schon zu viele Probleme.»

Wieder ist Ruhe eingekehrt, das Cheminéefeuer glimmt immer noch zufrieden, und über den riesigen Fernsehbildschirm flimmert irgendeine späte Talkshow. Die Frauen haben sich in ihre Zimmer zurückgezogen, schreiben Briefe nach Hause, lackieren ihre Nägel oder blicken halb schläfrig in ihre Flimmerkisten, und sogar Ritas zwei Hunde sind eingenickt. Kaum vorstellbar, dass die ruhige Stube an anderen Abenden geradezu von erregten Freiern belagert wird, zehn oder gar zwanzig sind keine Seltenheit, ebenso wenig wie muntere Bumspartys unter Kollegen, bei denen einer den anderen punkto «Standfestigkeit» zu übertrumpfen sucht.

Ungeniert wechseln die Freunde dann zwischen den Zimmern hin und her, tauschen Frauen oder treiben es mit zweien oder dreien zugleich im Wohnzimmer. «Mir ist das egal, so lange sie meine Ledercouch mit Handtüchern abdecken», sagt Rita gleichmütig. Warum sollte sie eine solche Darbietung beeindrucken. Wahrscheinlich gibt es nicht viele Männerfantasien, die sie nicht schon live mitgemacht oder zumindest mitangesehen hat. Und noch heute kommt nicht selten ein derart angeregter Mann auf einen kurzen Abstecher zu ihr in die Küche, um ihr sein prachtvolles Gemächt zu präsentieren. «Doch, ehrlich, das tun die wirklich – und gar nicht so selten», versichert Rita, die derlei Demonstrationen nüchtern mit «ou ja, wirklich ein toller» oder so ähnlich abtut.

Vorderhand verspürt aber offensichtlich keiner mehr ein dringendes Bedürfnis.

Es ist halb zwei Uhr morgens, mein Bedarf an Grüntee gedeckt, und Rita sehnt sich nach ihrem Bett.

Vielleicht taucht um vier Uhr morgens noch ein später Nachtvogel auf, aber um den wird sich Lisa kümmern. Sie übernimmt Ritas Stellvertretung, wenn diese schläft oder nicht da ist. Uns jedenfalls wird er nicht mehr beschäftigen.

Rita zieht sich gemütlich in ihre Gemächer zurück, ich verabschiede mich bis zum nächsten Mal. Das Letzte, was ich beim Wegfahren sehe, ist das unauffällige Plakat an der unauffälligen Garage im unauffälligen Quartier: «Villa Princesse Sauna Club». Und irgendwie bin ich um eine Illusion ärmer. Trotz allem Vorwissen hatte ich mir ein Bordell verruchter, knisternder und rotlichtiger vorgestellt. Die Wirklichkeit ist enttäuschend banal. Eben ein ganz normaler Abend in einem ganz normalen Puff.

Ritas Sicht

Das ist tatsächlich ein völlig normaler Abend, einer der flauen Sorte: Die Männer haben ihren Lohn noch nicht erhalten. Freier reagieren extrem auf äussere Einflüsse: Vollmond – gekoppelt mit Alkohol – bringt viele zur Raserei, Geldmangel bremst auch den Spitzesten, und der erste Schneefall hält die meisten zu Hause. Wenn dann im Winter der Schnee zum Normalfall geworden ist, drängt der Trieb sie schliesslich doch aus ihren Löchern zu uns.

Die ersten beiden Kunden heute Abend sind «überdurchschnittliche» Freier, und ich glaube Peter, dem zweiten, dass er die Frauen mit Respekt behandelt. Allerdings behauptet das jeder von sich, und viele missachten die Frau – oder die Prostituierte – nicht einmal absichtlich: Sie wissen schlicht nicht, wie sie mit einer Frau umgehen müssen, haben das Gefühl, ein wenig Brustwarze klemmen, dann rein und raus und fertig, sei für die Frau auch toll. Dass sie ihr dabei Schmerzen bereiten könnten, kommt vielen gar nicht in den Sinn. In diese Kategorie fällt wahrscheinlich Lisas grober Freier. Echte Sadisten sind dagegen relativ selten.

Nach wie vor macht sich aber die Durchschnittswelt ein falsches Bild: Zu mir kommen nicht nur Typen, die es «nötig» haben; Männer, die keine Frau finden, welche gratis mit ihnen ins Bett geht, gibt es gar nicht so viele. Die meisten Freier sind verheiratet oder leben in einer festen Beziehung und können sogar zu Hause bei ihren Frauen bekommen, was sie wünschen. Dennoch kommen sie zu uns ... Die Männer finden, sie brauchen halt Abwechslung, zum Beispiel eine jüngere Frau. Oder sie wollen ganz einfach einen anderen Körper anfassen. Oft ist der «andere» Körper nicht mal so schön wie der seiner Frau, dafür aber etwas Neues. Als ich einen Freier mal fragte, wie er reagieren würde, wenn seine Frau ihn zu Hause mit Strapsen empfangen würde, gab er mir zur Antwort, sein erster Gedanke wäre: «Jetzt hat sie einen anderen!» In Wirklichkeit trauen aber solche Männer ihren Frauen gar nicht zu, dass sie tatsächlich fremdgehen können oder eigene Sexfantasien haben.

Daneben kommen sogar ausgesprochen schöne Männer ins Puff. Solche, die einfach zu bequem sind, sich um eine Frau zu bemühen und sie dann doch nicht ins Bett zu kriegen. Oder es sind Männer, die keine Komplikationen wollen. So zum Beispiel Giorgio. Er sieht blendend aus, ist fünfundzwanzig Jahre jung, beruflich gut gestellt, charmant und intelligent. Er kommt seit einem Jahr jede Woche zu uns in den Salon, geht aber auch zu anderen Prostituierten. Auf die Frage, warum er sich Sex im Puff holt, gibt er zur Antwort: «Ich will doch nicht eine Frau mit dem ganzen Drum und Dran nur für Sex. Für mich ist ein Puffbesuch ehrlicher, als wenn ich irgendwo in einer Disco einer Frau den Himmel auf Erden verspreche, nur damit sie mit mir bumst. Stattdessen bezahle ich und bekomme dafür genau das, was ich will: eine klare Sache ohne Verpflichtungen.»

Auch bei Giorgios Kollegen würde niemand vermuten, dass sie für Sex bezahlen. Sie könnten sich sofort eine Frau angeln, die mit ihnen gratis ins Bett ginge. Aber sie alle finden es einfacher, ihre Bedürfnisse im Puff zu stillen. Giorgio hat schon mit ungefähr hundert Prostituierten Kontakt gehabt, das sind sehr viele für sein Alter. Wenn er aber einmal ein verheirateter Mann sei, so betont er, werde er nicht mehr ins Puff gehen. Das allerdings nehme ich ihm nicht ab: Das haben schon so viele gesagt.

Giorgio behandelt eine Prostituierte auch nach dem Sex noch respektvoll, da ist er eher eine Ausnahme. Oft hat er sich beinahe in eine meiner Frauen verliebt, bisher hat er sich aber immer erfolgreich dagegen gewehrt, weil er momentan überhaupt keine Beziehung will. In ihn hätten sich jedoch schon ein paar verliebt, behauptet er. Meistens habe er dann den Kontakt abgebrochen. Er schämt sich nicht, ein Freier zu sein: «Ich muss ja nicht für Sex bezahlen, sondern ich will es so. Natürlich posaune ich es nicht in die Welt hinaus, aber wer mich fragt, erhält eine ehrliche Antwort.»

Giorgio bezahlt unter anderem für ganz normalen 0815-Sex, bevorzugt aber Spezialitäten wie zum Beispiel Analspiele. Er lässt sich am Anus mit Händen, Dildos und anderen Gegenständen stimulieren – was übrigens ein beliebtes Spiel bei vielen Männern ist. Viele Frauen wollen nicht wahrhaben, dass ihren Männern das auch gefällt. Wahrscheinlich lauert dann schon die Angst, er könnte eine homosexuelle Neigung haben (vergleiche Kapitel «Das doppelte Leben»).

Trotz all meinen Aussagen verdrängen aber nach wie vor alle Ehefrauen die Tatsache, dass auch ihr Mann «einer von denen» sein könnte, die ins Puff gehen: Jede ist völlig überzeugt, nur die anderen, meiner nicht. Aber schauen wir uns doch die Freier an: Sie geben ja sogar zu, dass sie verheiratet sind. Ich schätze, rund 90 Prozent aller Freier, die zu uns in den Salon kommen, sind verheiratet. Und dennoch meinen die meisten Ehefrauen immer noch, ihr Mann wäre die grosse Ausnahme.

Ich würde deshalb den Frauen raten, nicht mehr die Augen zu verschliessen und das direkte Gespräch zu suchen, wenn sie den Verdacht haben, ihr Mann gehe zu einer Prostituierten. Mit dem Ehevertrag kauft man schliesslich nicht das Exklusivrecht aufeinander – aber man sollte ehrlich sein miteinander. Und wenn zwei sich sexuell überhaupt nicht mehr verstehen, ist es unter Umständen sogar klüger, wenn sie wenigstens offen sind und der Mann ohne zu lügen ins Puff gehen kann. Denn eine Prostituierte nimmt der Ehefrau – ausser Cash – nichts weg: Sie nimmt weder Liebe noch viel Zeit für sich in Anspruch. Sie ist froh, wenn der Freier kommt, und froh, wenn er wieder geht. Treue wäre natürlich ein edles Ziel, auch die sexuelle Treue. Aber die Realität sieht nun mal anders aus. Ich selber kenne inzwischen genug Hausfrauen, die jeden Tag das Portemonnaie ihres Gatten nach Kondomen durchwühlen. Hat es keine mehr, wird nachgefüllt. Die Frauen sagen sich, wenn es denn schon sein muss, dann aber bitte sauber!

Der Traum vom grossen Geld

Von freiwilligen und halbfreiwilligen Prostituierten

Ungeschminkt, im dünnen, rotbraun gemusterten Baumwollgewand sitzt Lisa am Küchentisch mit dem grell geblümten Wachstischtuch und betrachtet ihre Finger. Ihr schönes, sensibles Gesicht ist nachdenklich, ihre samtdunklen Augen blicken in die Ferne, sie merkt nicht, dass es schon ziemlich dunkel ist: Ihre Gedanken sind weit weg, in Brasilien. Damals, vor fünfzehn Jahren hätte die zierliche 38-Jährige nicht um alles in der Welt gedacht, dass sie heute hier sitzen, und schon gar nicht, dass sie Freiern ihre Wünsche erfüllen würde.

Damals, das war, als sie noch an die heile Welt und ein glückliches Familienleben glaubte: «Ich liebte meinen Mann sehr und vermisste ihn extrem, wenn er arbeitete.» Tage- oder gar wochenlang war er jeweils auf einem gediegenen Kreuzfahrtschiff unterwegs und achtete als Matrose darauf, dass die reichen Damen und Herren eine erholsame Rundfahrt genossen und danach wohlbehalten wieder zu Hause anlangten.

So weit so gut – allerdings nur, bis die drei Kinder, zwei Töchter und ein Sohn, etwas älter wurden: «In Brasilien kostet eine gute Schulbildung monatlich rund 100 Franken – der durchschnittliche Monatslohn beträgt 130 Franken», sagt Lisa. Die öffentliche Schule ist zwar theoretisch bis zur Matur kostenlos, was jedoch nicht viel nützt, da die Kinder wegen Platzmangels täglich nur drei Stunden Unterricht erhalten. Dementsprechend sind in Brasilien 16,7 Prozent der

Männer und 16,8 Prozent der Frauen Analphabeten *. Wer seinen Kindern bessere Chancen ermöglichen will, braucht ein dickes Portemonnaie.

Damit ihre Kinder eine gute Bildung und damit bessere Startbedingungen erhielten, gab Lisa sie zu ihren Eltern und nahm selber eine Arbeit als Bardame an – auf demselben Schiff wie ihr Mann. «Ein Riesenfehler», weiss sie heute. Dieser war nämlich nicht halb so glücklich darüber wie Lisa, dass sie von nun an viel mehr Zeit gemeinsam verbringen würden. Fünf Jahre lang lief trotzdem alles gut, die Beziehung schien die Spannungen zu überstehen und Lisa konnte eine beträchtliche Summe sparen. Mit der Zeit brachte sie das Geld für ein Haus, ein Auto, Telefon und sogar ein Restaurant auf einer winzigen Insel zusammen.

Ein dicker Wermutstropfen trübte allerdings die gemeinsame Zeit: Fast täglich begegneten Lisa Männer – Stewards, Matrosen und Schiffsoffiziere –, die zu Hause Frau und Kinder hatten und sich gleichzeitig auf dem Schiff eine Freundin hielten. «Für mich war klar: Am selben Tag, wie ich meinen Mann mit einer Freundin erwische, ist es aus zwischen uns.» Dies liess sie ihn auch deutlich wissen. Ohne Erfolg, der Familienvater hielt sich nicht nur eine Geliebte, sondern liess sich auch prompt von seiner Frau erwischen. Am selben Tag reichte Lisa die Scheidung ein. «Heute wäre ich nicht mehr so kompromisslos, aber damals konnte ich noch nicht ahnen, was dieser Entscheid bedeutete.» Tief enttäuscht versuchte sie, sich ein neues Leben aufzubauen, suchte eine neue Arbeit.

---

* Spiegel-Almanach 1999, Spiegel Verlag

Kein leichtes Unterfangen in Brasilien: Die Arbeitslosigkeit lag 1995 (letzte Zahlen) offiziell zwar nur bei 4,6 Prozent, aber die versteckte Arbeitslosigkeit ist hoch. Lisa spricht jedenfalls von 40 Prozent Arbeitslosen, unter den Jugendlichen seien sogar mittlerweile fast 80 Prozent ohne feste Stelle. Extreme Zahlen, aber nicht ganz unglaubwürdig in einem Land, in dem 1995 fast ein Viertel der Bevölkerung unter der internationalen Armutsgrenze lebte. Viele halten sich mit Gelegenheitsjobs über Wasser, ein Stundenlohn von zwei Franken gilt bereits als anständig, und von Arbeitslosenversicherung oder sozialer Sicherheit haben sie noch nie gehört.

Seit der Scheidung gehörte auch Lisa zur grossen Masse der Gelegenheitsarbeitenden, und das Pech liess sie nicht mehr los. Sie wurde schwer krank, musste operiert werden und konnte überhaupt nicht mehr arbeiten, das gesparte Geld schmolz für Spitalkosten wie Schnee in der Sonne. Schon nach drei Monaten musste sie alles verkaufen, was übrig geblieben war, damit sie ihrer Mutter überhaupt Geld für Unterhalt und Schulgeld der Kinder abgeben konnte. In ihrer Not liess sie sich von der Käuferin des Hauses davon überzeugen, dass sie in einem Nightclub in Holland viel Geld machen könnte. Der Entscheid fiel ihr nicht schwer: «Ich war verzweifelt, brauchte das Geld dringend und glaubte tatsächlich, ich müsste bloss tanzen.»

Die Ernüchterung folgte auf dem Fuss. Statt in einem gediegenen Nachtclub zu tanzen, fand sie sich in einem der Glaskästen in Amsterdams Rotlichtviertel wieder. Für die sensible Frau der reinste Horror: «Nicht nur ausgestellt, sondern völlig ausgeliefert sass ich in diesem Kasten, und wenn ein Freier mich verlangte, musste ich mich auf das Schlimmste gefasst machen. Das ist die allerniedrigste Art von Prostitution.» Die ersten Male brachte sie still vor Ekel hinter sich, schluckte die Tränen stumm hinunter und betete innerlich ununterbrochen zu Gott. Eine Alternative hatte sie nicht: Woher hätte sie das Geld für ein Rückflugticket besorgen, wie eine andere Arbeit finden sollen?

Nach einer schrecklichen ersten Woche, als sie eben ihre Schicht beendet hatte, bestand ein merkwürdiger Typ darauf, sie zu sich nach Hause zu nehmen. Er wollte partout keine andere, und auch Lisas Kolleginnen wollten ihre anfängliche Weigerung nicht annehmen: «Sie rieten mir alle dringend, auf das Angebot des Freiers einzusteigen, es könne sich durchaus lohnen.» Tatsächlich schien es zunächst, als hätte sie einen goldenen Griff getan: Dem 52-jährigen Kunden, nennen wir ihn Carl, gefiel sie dermassen, dass er sie gleich als persönliche Geliebte bei sich behielt und sich sogar bereit erklärte, ihr dafür 1 000 Dollar pro Monat zu zahlen. Nach einem Jahr wollte er mit Lisa ihre Familie in Brasilien kennen lernen. Sie verbrachten zwei gemeinsame Monate dort, und er kaufte ihr kurzerhand ein kleines Haus – sein «Brautpreis».

Das hätte das neue Glück sein können. Wieder zurück in Holland, wurde Carl aber immer besitzergreifender, und Lisa wurde es immer enger in der Wohnung. Sie brauchte dringend mehr Luft, mehr Freiheit. Eines Tages hatte sie die zündende Idee. Sie wollte sich für die neu aus Brasilien eingetroffenen Kolleginnen einsetzen, ihnen Tipps geben, wie sie sich am besten durchschlagen konnten, und für sie zu einem angemessenen Preis brasilianisch kochen: ein wenig Heimat, ein wenig Selbstbestimmung, allerdings ohne finanziellen Gewinn. Als sie schliesslich auch ein wenig eigenes Geld verdienen wollte und sich in einer Bar anstellen liess, platzte Carl vor Eifersucht der Kragen: Entweder sie bleibe zu Hause oder sie könne sein Geld vergessen, forderte er. Lisa wählte die Arbeit, er sperrte seinen Tausender. Mittlerweile war die Stimmung zwischen ihnen unerträglich geworden. «Geliebt habe ich ihn nie – das wusste er auch – aber immerhin hatte ich vorher Dankbarkeit und eine gewisse Freundschaft empfunden», fasst Lisa zusammen. Damit war jetzt fertig, zu einschränkend verhielt sich Carl, zu sauer stiess ihm ihre neue Unabhängigkeit auf. Schliesslich hielt Lisa die Streitigkeiten nicht mehr aus und zog zu einer Freundin.

Kurz danach kriegte sie prompt Schwierigkeiten mit den Papieren, und von da an drehte sich das Karussell immer schneller: Ohne langen Prozess sollte sie nach Brasilien zurückgeschafft werden, erhielt jedoch dank einem Freund wieder neue Bewilligungspapiere und fand gleich in dessen Bar eine neue Arbeit . Diese brachte ihr aber zu wenig Geld ein. Die Schule der Kinder verschlang nach wie vor Unsummen, Lisa wechselte von der Bar in den lukrativeren Salon des Clubs, versuchte von neuem, mit Gebeten die Freierbesuche zu überstehen und fand einen neuen Freund. Mittlerweile hatte jedoch der Ex-Freund ihre Spur aufgenommen, verfolgte sie hartnäckig durch ganz Holland und machte ihr grosse Eifersuchtsszenen. Erneute Flucht und Unterschlupf bei einem anderen Freund. Irgendwo im Norden versuchte sie, sich auf eigene Füsse zu stellen und eröffnete einen Club für Girls und Transsexuelle.

Dieser Club bestand nicht lange, schon bald kam Lisa wieder in Geldnot. Zur gleichen Zeit verliebte sie sich in einen Schweizer und heiratete ihn bald darauf. Doch auch Hans betrachtete Lisa als sein Privat-Spielzeug, und sobald sie ein kleines bisschen Selbständigkeit zeigte, drehte er den Geldhahn zu. Blieb also wieder nur die Prostitution. Ohnehin hatte ihr ein Transvestit den Tipp gegeben, in der Schweiz lasse sich mit Sex viel mehr Geld machen als in Holland. Tatsächlich? Lisa nickt: «Ich verdiene hier wirklich gutes Geld, viel mehr als in Holland. Aber die Arbeit wird dadurch nicht besser.»

Kommt hinzu, dass gerade die Ausländerinnen den Markt verderben: Mehr Frauen müssen sich in die gleiche Anzahl potenzieller Freier teilen, und jene, die illegal arbeiten, lassen sich im Preis drücken – und das wirkt sich letztlich auch auf ihre Schweizer Kolleginnen aus. Denn Lisa ist bei weitem nicht die Einzige, die den Weg in die Schweiz gefunden hat.

Peter Zangger von der Berner Sittenpolizei hat in seiner Kartei zwar nur 50 Prostituierte aus Südamerika registriert, und davon kommen «mindestens die Hälfte aus der Dominikanischen Republik». Ende 1998 waren in Zürich 75 Brasilianerinnen gemeldet, immerhin 73 mehr als 1994. Dies, so schränkt die Polizei beiderorts ein, sind allerdings nur die offiziell bekannten. «Die Dunkelziffer ist relativ hoch.» Und zwar nicht nur bei den Südamerikanerinnen: Aus dem Ostblock waren Ende 1998 in Bern neun Frauen registriert, in Zürich wurden 31 Ungarinnen sowie 26 Tschechinnen gezählt, und die Basler Sittenpolizei schickte 20 illegal arbeitende Frauen über die Grenze zurück. Von einem Problem mit der Ostmafia – in Deutschland höchst aktiv und gefährlich – wollen zwar weder die Zürcher noch die Berner Sittenpolizei etwas wissen: «Es könnte noch zu uns überschwappen, im Moment spüren wir aber zum Glück noch nicht viel davon», ist die einhellige Meinung.

Sie alle stellen einen merklichen Zuwachs an Frauen aus Ungarn und den GUS-Ländern fest, und bei der Basler Sittenpolizei sind immerhin ziemlich deutliche Gerüchte über die Ostmafia im Umlauf, «aber wir können nicht eingreifen». Die Einzigen, die über die Zuhälter auspacken könnten, sind die – meist illegal arbeitenden – Ostblockfrauen selber, und die wagen sich nicht. Also bleibt das Problem für die Sittenpolizei vorläufig unterschwellig.

Nicht aber für die betroffenen Ostblockfrauen: «Hinter den Kulissen hat vor allem die ungarische Mafia mindestens 60 Prozent der Frauen knallhart im Griff», packt ein Insider aus. Demnach ist die Schweiz von Budapest aus in Gebiete unterteilt worden, mindestens drei lokale Stellen in der Schweiz achten darauf, dass die Gebietsrechte eingehalten werden und die Frauen das Geld in Ungarn abliefern. «Zahlen sie nicht genug, werden sie dazu gebracht», so der Szenekenner, nennen wir ihn Thomas. «Die Mafia droht zwar nicht unmittelbar mit ‹sonst verätzen wir dein Gesicht› oder ähnlich, aber genauso wirkungsvoll mit angedrohten Repressalien gegenüber Familienmitgliedern in Ungarn: ‹Sonst kriegen deine Kinder kein Essen mehr› oder ‹wir sperren deine Mutter in ihrer Wohnung ein› sind ein zwingender Grund für die Frauen, den Grossteil ihres Geldes abzugeben.» Unter derartigen Bedingungen arbeiten laut Aussage von Thomas acht von zehn Ungarinnen. Bloss eine oder zwei von zehn erreichen irgendwann trotzdem ihr Ziel: im Westen in kurzer Zeit viel Geld verdienen und in der Heimat damit eine eigene Boutique oder ein Restaurant eröffnen. «Die anderen drehen hoffnungslos im Karussell mit, den Loskaufpreis von einem Zuhälter, zwischen 20 000 bis 30 000 Franken, bringt kaum eine zusammen.» Sie sind der verhängnisvollen Illusion vom reichen, freien Westen zum Opfer gefallen.

Insider Thomas hat vor vier Jahren angefangen, Frauen aus dem Osten an heiratswillige Schweizer Männer zu vermitteln, inzwischen ist er in das lukrativere Salon- und Clubgeschäft umgestiegen. Seine Frauen findet auch er mindestens zur Hälfte über die Organisation, und er behauptet, er sei auf ihre Vermittlerdienste angewiesen. «Ungarinnen sind sehr gefragt», sagt er. «Sie sind viel herzlicher gegenüber den Freiern als zum Beispiel Schweizerinnen. Zu ihrem Service gehören öfter mal ein Kuss oder eine Umarmung, ja sogar Bewunderung, und sie geben dem Freier das Gefühl, dass sie sich auf ihn freuen.» Der 31-jährige «Puffvater» muss es ja wissen: Auch er selber nimmt hie und da die Dienste seiner Frauen in Anspruch – gegen das übliche Honorar natürlich, wie er betont. Welches postwendend an die Mafia weiterwandert ...

Auch bei den Brasilianerinnen bleibt das Geld nicht lange: Ein Grossteil davon fliesst wie bei Lisa nach Brasilien, wo ihre Eltern und ihre Kinder nach wie vor Unterstützung brauchen. Ihr Sohn ist zwar mittlerweile schon selber Vater geworden, kann jedoch die Familie mit Aushilfsarbeiten kaum am Leben erhalten. Die ältere Tochter heiratete vor kurzem einen Schweizer, und die jüngere Tochter arbeitet seit einem Jahr selber als Prostituierte. Es fällt Lisa schwer, darüber zu sprechen. «Ich habe ihr so fest davon abgeraten», schluchzt sie. «Ich wollte ihr doch genau das ersparen.» Tränen der Verzweiflung, Tränen der Ohnmacht nützten nichts: Nicole wollte nicht hören. «Sie sagt, ich hätte nun lange genug für sie Geld verdient, sie könne das jetzt selber.» Die Familie in Brasilien weiss schon lange, woher das Geld kommt, und respektiert Lisa sehr dafür, dass sie ihnen zuliebe dieses Opfer auf sich nimmt.

Nicole trieb ihren Respekt gleich so weit, dass sie in die Fussstapfen ihres Vorbilds trat. Allerdings hat sie ihrer Mutter gegenüber einen riesigen Vorteil: Sie liebt Sex grundsätzlich und hat nicht die geringste Mühe damit, ab und zu gemeinsam mit ihrer Mutter einen Freier zu befriedigen.

Eine Verständigung mit Nicole ist ziemlich schwierig und scheitert an der Sprachbarriere, aber auf Männer angesprochen, strahlt sie: «Ah oui, j'aime bien.» Welche am meisten? «Oh, tous.» Sie lacht fröhlich, denkt dann eine Weile nach. Nein, sie liebt doch nicht ganz alle; nur jene, die nicht hässlich aussehen oder stinken. Aber die anderen ... Auf ihre Wertschätzung von Männern angesprochen, tönt es dann aber ziemlich rasch anders: Nein, eigentlich glaubt sie nicht, dass Männer treu sein können, eigentlich sind sie doch alle «cochons», alle.

Erst 20 und schon so desillusioniert. Hat sie noch Träume? «Ah, oui!» Sie will ihren Verlobten in Brasilien heiraten und mit ihm Kinder haben. Sie ist zwar ziemlich sicher, dass er ihr jetzt, wo sie weit weg ist, nicht treu ist. Aber was soll's: «Ich bin es ja auch nicht.» Und wenn sie erst verheiratet sind, wird sowieso alles ganz anders. Oder auch nicht. Brasilianische Männer sind da nicht anders als schweizerische.

Nachtrag: Lisa hat sich kurz nach unserem Gespräch frisch verliebt und ist bald darauf mit ihrem neuen Freund nach Portugal gezogen. Diesmal will sie der Prostitution endgültig den Rücken kehren und ein neues Leben anfangen. Die beiden wollen mit Lisas Erspartem gemeinsam ein Restaurant eröffnen. Vielleicht findet auch Nicole dort einen Platz.

Sie hat Hals über Kopf ihr Herz an einen Portugiesen verloren, sich anfangs Jahr mit ihm verlobt und ist im Frühjahr ebenfalls mit ihm nach Portugal gezogen. Nach neusten Informationen treiben jedoch auch dort die Illusionen bunte Blüten ...

Ritas Kommentar

Das sind natürlich harte Voraussetzungen, in die Prostitution einzusteigen, wenn man es eigentlich nicht will. Mit diesem Problem hatte ich nie zu kämpfen, da ich diese Arbeit bewusst wählte, um schnell reich zu werden. Mein Gewissen oder meine Gefühle bereiteten mir daher kein Kopfzerbrechen. Sobald ein Freier bei mir in den Salon trat, hatte ich in meinen Augen bloss noch das blinkende Dollar-Zeichen, den Mann hinter seinem Geld sah ich schon gar nicht mehr.

Diesen Bonus haben Lisa und die meisten ihrer brasilianischen Kolleginnen nicht: Weil sie aus Not in die Prostitution eingestiegen sind, können sie sich viel weniger gegenüber den Männern und ihren Wünschen abgrenzen. Sie sind oft gefügiger, unterwürfiger und grosszügiger mit der vermieteten Zeit als ihre schweizerischen Kolleginnen, bieten also den Freiern insgesamt mehr für ihr Geld.

Genau aus diesem Grund verbreiten brasilianische Prostituierte massenhaft Illusionen – und sind auch selber darin gefangen: Einerseits wecken sie in den Freiern die Illusion, sie könnten einen ausgelassenen Moment an der Copa Cabana verbringen, ein bisschen Strandcasanova mit einer exotischen Schönen spielen und sich von ihr anhimmeln lassen.

Auf der anderen Seite sind die Brasilianerinnen selber Opfer der Illusion, nämlich jener, hier in der Schweiz ohne viel Aufwand das grosse Geld zu verdienen. Verglichen mit einem Putzfrauenlohn in Brasilien ist es tatsächlich das grosse Geld – aber der Preis für die gute Schulbildung der Kinder oder die Unterstützung der ganzen Verwandtschaft ist hoch, das viele Geld nullkommanichts weggeschmolzen. Und der Preis für die Seele der gläubigen Katholikinnen ist noch viel höher. Jeden Freitag verbrennen meine Frauen diverse Kräuter, um das Haus von schlechten Einflüssen zu reinigen, solche Rituale geben ihnen Halt.

Anders verhält es sich bei der 20-jährigen Nicole: Diese liebt schlicht und unverblümt den Sex – wenn sie dafür noch Geld erhält, um so besser. Mit einem wunderschönen oder begnadeten Freier würde sie es wahrscheinlich auch gratis machen, wenn sie nicht das Gefühl hätte, mir verpflichtet zu sein. Und trotzdem hat auch sie viele ihrer Illusionen bereits preisgegeben!

Ich glaube allgemein, die Einstellung der Jungen hat sich geändert: Sie nehmen das Ganze nicht mehr rein professionell, können den Mann hinter dem Geschäft nicht mehr ausschalten. Oft versprechen Gelegenheitsprostituierte in Inseraten «Mit Küssen» oder «Bei mir erhältst du echte Gefühle». Natürlich ist auch das wiederum Illusion pur: Geschäft bleibt Geschäft.

Ich fühle mich im wahrsten Sinn des Wortes als Puffmutter. Ich sorge für «meine» Frauen, höre ihnen auch ihre Sorgen ab, bezahle ihre Miete und ihr Essen, wasche und putze für sie ... Mal ganz unbescheiden gesagt: In diesem Haus arbeite ich am meisten und verdiene am wenigsten. Aber genau das unterscheidet mich schliesslich von einem Zuhälter: Der kassiert bloss ab, Gegenleistungen bringt er keine. Wenn dagegen eine «meiner» Frauen im Salon Schwierigkeiten bekommt, kann sie sich sofort an mich wenden. Ansonsten arbeiten sie völlig selbständig, in der Regel machen sie sogar den Preis mit dem Freier selber aus. Allerdings kommt es schon mal vor, dass ich in ein Zimmer platze und sage: «Für hundert Franken ist die Zeit nun um.»

Ich versuche die Frauen immer wieder zu bestärken: «Ihr bestimmt den Preis, die Zeit und was abgeht. Die Freier haben sich daran zu halten.» Wenn sich dann ein Freier bei mir über die Frauen beklagt, rede ich später mit ihnen darüber, jedoch ohne sie abzukanzeln: Ich schimpfe grundsätzlich mit keiner Frau, bloss wegen einem Mann.

Die Wahl treffen die meisten Freier selber, es sei denn, jemand ist unschlüssig oder hat Spezialwünsche, dann entscheide ich für ihn. Meist verläuft das Ganze aber ohne Probleme. Obwohl die Schweizer Männer in der Öffentlichkeit sehr oft abwertend über Ausländer reden, ist ihnen das im Puff total egal. Es gibt selten Freier, die ausdrücklich eine Schweizerin wünschen. Im Gegenteil: Das oben erwähnte Stück Exotik lassen sie sich gerne gefallen. Die einzige Schweizerin, die als Domina bei mir arbeitet, kennt das Business schon lange, sie ist sehr erfahren und selbständig. Wünscht ein Freier diese Spezialität und die Domina ist nicht da, weil sie nur zweimal die Woche arbeitet, muss er ein andermal kommen. Die andern Frauen sind noch zu jung dafür.

Ab und zu arbeiten auch Aushilfen bei mir, meist aus einer finanziellen Notlage heraus. Diese brauchen meinen «Schutz» noch mehr als die Übrigen, bei ihnen muss ich meine Augen noch besser offen halten als bei den anderen:

Gerade vor kurzem hatte ich eine Aushilfe und staunte nicht schlecht, als schon nach wenigen Tagen alle Freier nur noch zu ihr wollten. Bis mir die anderen Frauen ihr «Geheimnis» verrieten: Genau, sie tat es ohne Gummi ... Da musste ich zum Schutze aller eingreifen und sie rasch wieder vor die Türe stellen. All diese Freier, die davon profitierten und dann wieder zu ihren Frauen nach Hause gingen – grässlich!

Die Frauen, die bei mir arbeiten, schätzen meine Haltung. Ich weiss ja, was für ein Scheissjob das ist, und es ist meine Aufgabe, sie zu schützen und sie auf ihre Rechte aufmerksam zu machen. Wenn eine Frau Mühe mit einem Freier hat, dann versuche ich, ihn von ihr abzulenken, damit er mit einer andern vorlieb nimmt, die mit ihm weniger Probleme hat. Die Frauen sagen mir jeweils, wieviel sie arbeiten möchten und an wie vielen Wochentagen.

Ich wechsle auch nicht dauernd das Personal wie andere Häuser, die den Freiern möglichst viel Frischfleisch anbieten wollen. Deren Patrons ist das Schicksal dieser Frauen völlig egal: Gewisse Zeit bringen sie's, und dann muss schnell wieder was Neues her.

Bei mir bleiben die Frauen länger, zum Teil sogar Jahre. Ich könnte wahrscheinlich mehr Geld verdienen, wenn ich häufiger wechseln würde. Aber ich bin zufrieden mit meinen Frauen. Wir haben eine gute Beziehung, und das ist mir mehr wert. Zum Muttertag schenken sie mir sogar Pralinés, und an Weihnachten überhäufen sie mich geradezu mit Geschenken, so, als wäre ich ihre richtige Mutter, nicht bloss die Puffmutter. Warum sollte ich also wechseln? Wir akzeptieren einander, diskutieren Probleme miteinander und bieten einander eine Art Familienersatz.

Schon seit längerer Zeit inseriere ich nicht mehr in der Zeitung und bin froh, dass es auch ohne geht: Inserate ziehen oft das «Pack» an, das heisst Leute, die nur auf Ärger aus sind. Wenn uns ein Freier durch Mundpropaganda kennen gelernt hat und zufrieden ist, bringt er in der Regel seinerseits auch Gleichwertige mit, solche, die sich ähnlich benehmen. So läuft das schön rund und ohne grosse Probleme.

Auf der Suche nach der Traumfrau

Von harmlosen und gewissenlosen Freiern

Sie machen alle einen durchaus anständigen Eindruck, sind keine widerwärtigen Schauderlinge oder lustsabbernden Geier, sondern ganz normale Männer, wie man sie samstags beim Grosseinkauf mit Frau und Kindern trifft. Und jene, die zugeben, dass sie hie und da im Puff verkehren, schämen sich nicht dafür. Warum auch: Es geht ja jeder, und es handelt sich um einen fairen Deal. Sagen sie. Oder eben um Illusionen. Die Illusion, mit einem Puffbesuch nicht wirklich untreu zu sein. Die Illusion, doch irgendwie so toll zu sein, dass die Prostituierte «es» mit ihnen lieber tut als mit anderen. Und am Ende trotzdem nicht nur die nackte Dienstleistung, sondern ein wenig Zärtlichkeit und Verständnis zu erhalten.

Peter, 32, Stationsschlosser
«Ich hatte noch nie richtigen Verkehr im Puff, immer nur französisch. Daher würde ich unter meinen Kollegen wahrscheinlich nicht einmal als echter Puffbesucher gelten, aber mir reicht das: Ich komme ungefähr alle sechs Wochen hierher, immer zu Nicole, denn zu ihr habe ich eine echte Sympathie. Das ist für mich wichtig, es muss doch stimmen. Ich will ein wenig plaudern, sie spüren und streicheln und mich dann verwöhnen lassen: Ein rundum gemütlicher Abend. Danach gehe ich irgendwo ein Bier trinken und das war's dann. In der Regel bin ich nach so einem Abend zufrieden und entspannt – klar, es ist auch schon vorgekommen, dass

ich mir sagte, eigentlich sei ein Hunderter schon viel, dafür hätte ich es mir in der Toilette selber machen können. Und trotzdem komme ich wieder, wenn mir das nächste Mal danach ist, ich kann nicht einmal genau sagen, warum. Meiner Freundin erzähle ich natürlich nichts davon, sie hätte sicher kein Verständnis. Sie weiss einzig, dass ich früher mal bei einer Prostituierten war: Nach der Lehrabschlussprüfung feierte ich mit zwei Kollegen, und schliesslich landeten wir zum ersten Mal in einem Puff.

Immerhin: Ich habe wie gesagt noch nie eine Prostituierte gebumst, daher glaube ich auch nicht, dass ich meine Freundin so richtig betrüge – doch, klar, irgendwie schon, aber eben nicht so ganz. Eigentlich kann ich ja von ihr im Bett alles haben, was ich will, ausser Analverkehr. Das möchte ich aber nicht im Puff ausprobieren, weil es mir viel zu gefährlich wäre. Aber eine Frau im Arm halten und mich französisch befriedigen lassen – was soll's? Natürlich ist mir klar, dass ich für sie einfach ein Freier unter vielen bin, und ich weiss genau, dass es ein Geschäft Geld gegen Sex ist, mehr erwarte ich gar nicht. Wenn aber Nicole einmal nicht mehr hier arbeitet, werde ich kaum mehr herkommen. Na ja, gut, die Gefahr, sich ein klein wenig zu verlieben, ist schon da. Aber ich sage mir auch immer gleich wieder: Du bist einer unter vielen, mach dir keine Hoffnungen, sie könnte sich in dich verlieben.»

Manuel, 31, höherer kaufmännischer Angestellter

«Regelmässig verkehre ich nicht mit Prostituierten, das letzte Mal liegt wahrscheinlich schon etwa drei Jahre zurück. Aber hie und da finde ich es ganz angenehm, mich ohne Verpflichtungen und ohne die Gefahr einer gefühlsmässigen

Verwicklung verwöhnen zu lassen. Meine langjährige Beziehung möchte ich nämlich keinesfalls gefährden. Die seltenen Male, wenn mich die Lust auf ein wenig Abwechslung und Entspannung packt, mag ich allerdings nicht in ein gewöhnliches Puff gehen, wo ich mir unter den Augen einer Puffmutter eine Frau aussuchen muss. Wenn schon, mache ich es mir in einem Sauna-Club gemütlich. Mit einem Drink in der Hand durchs angenehm dekorierte Schwimmbad flanieren, nach einer Schwimmrunde dann langsam eine der Damen auf den Liegestühlen rings um das Becken anvisieren und schliesslich mit ihr ins Separée verschwinden. Das gibt mir mehr das Gefühl eines spontanen Abenteuers als das Gefühl eines trostlosen Geschäfts. Okay, auch das ist eine Illusion – aber dafür bezahle ich ja.»

Toni, 40, CMC-Mechaniker
«Als 21-Jähriger machte ich mit Kollegen zusammen auf einer Reise nach Amsterdam meine ersten Puff-Erfahrungen, und die gefielen mir ausgesprochen gut. Wenn ich dann jeweils eine Freundin hatte, zog es mich vorübergehend nicht mehr dorthin, mittlerweile bin ich knapp fünf Jahre verheiratet, und in dieser Zeit ist die Romantik im ehelichen Sex-Leben halt schon verflogen. Seit drei Jahren zieht es mich daher ein- bis zweimal monatlich in einen Salon. Mit meiner Frau habe ich das Abkommen, dass ich mindestens einmal pro Woche auf meine Rechnung komme, in den Ferien unbeschränkt. Daran hält sie sich problemlos, macht auch alles mit, aber eben: Irgendwie ist das Feuer aus und ich suche Abwechslung in Salons in der halben Schweiz. Das heisst aber keineswegs, dass ich sonst ein Problem mit meiner Frau hätte. Sie ist schön wie ein Model, ich vergöttere sie und

möchte mich nie von ihr scheiden lassen. Sie weiss über meine Puffbesuche Bescheid und findet: ‹Okay, bums halt diese Frauen. Schade ums Geld, aber sonst ist es mir egal.› Wahrscheinlich ist sie stolz, dass ich so potent bin ...

Mittlerweile ist so etwas wie eine Sucht daraus geworden: Ich bin jeweils sehr gespannt auf die Ambiance eines neuen Clubs, auf das Aussehen der Frauen und wie sie so sind. Allerdings habe ich eine Favoritin, eine Thaifrau namens Lucky, die ist schlicht makellos. Mindestens die Hälfte meiner Salonbesuche gelten ihr, in sie bin ich sogar ein wenig verliebt, und ich spüre auch von ihrer Seite her Liebe. Mit ihr mache ich auch mal eine Ausnahme mit dem Gummi ... Aber sie ist die Einzige, und das ist auch kein Problem: Sie ist 100 Prozent sauber, und ich auch.

Überhaupt sind Thaifrauen toll: Sie lassen sich überall berühren und sind für jede Position bereit. Das brauche ich, da ich sehr ausdauernd bin. Oft erkennen die Prostituierten auch sofort, dass ich verheiratet bin: Wahrscheinlich spüren sie die Routine und dass ich halt nicht mehr unter Leistungsdruck stehe. Dann freuen sie sich jeweils und lassen mich durchaus auch Zärtlichkeit spüren. Klar, hauptsächlich geht es um Sex, aber ich sehe super aus, straffer Body und langes Haar, das geniessen die offenbar schon: Sonst kommen ja wahrscheinlich oft ältere, schwabbligere Typen zu ihnen. Für mich jedenfalls sind meine Puffbesuche völlig befriedigend: Sie geben mir Selbstbestätigung, das Gefühl, ich sei gut gewesen.»

Christof,33, Automechaniker

«Ich war acht Jahre lang verheiratet, und während dieser Zeit kam ein Salonbesuch für mich nie in Frage. Das Thema wurde für mich erst nach der Scheidung von meiner Frau aktuell. Ich hatte einiges aufzuarbeiten, was unsere Ehe anbelangt, und war noch nicht bereit für eine neue Beziehung, genoss auch die neue Freiheit irgendwie und lebte diese ab und zu bei einer Prostituierten aus. Mit der Zeit wurde das Ganze so etwas wie eine Sucht: Ich entdeckte die verschiedenen Inserate mit all ihren Versprechungen und war dann jeweils total gespannt, was wirklich dahinter steckt. Sie tönen ja immer sehr gut und viel versprechend – viel vielversprechender als die Wirklichkeit dann war. In den meisten Fällen spürte ich ganz klar, dass es den Frauen bloss ums Geld ging. Natürlich weiss ich, dass das auch die Abmachung ist, aber sie sind immerhin Profis und sollten Wert auf Zufriedenheit des Kunden legen. Das ist nicht möglich, wenn sie nur knapp und kurz ihre Arbeit verrichten.

Vereinzelte Male erlebte ich allerdings auch schöne Kontakte in einer angenehmen Atmosphäre, wo ich wirklich das Gefühl hatte, diese Frau bringe mir auch ein wenig Interesse entgegen. Einmal fragte mich sogar eine Polin danach, ob ich mit ihr in den Ausgang komme. Solche Beziehungen sind aber ziemlich schwierig, umso mehr, als ich selber ja gar nicht genau weiss, worum es mir dann geht. Aber eines weiss ich ganz genau: Ich habe noch nie das gefunden, was ich suche. Genau genommen mache ich mit diesen Frauen bloss eine Art bessere Selbstbefriedigung. Mit Sex, wie ich ihn in der Ehe erlebt habe, hat dieser Akt rein gar nichts zu tun, es geht nur um die Befriedigung, Gefühle wie Liebe und Vertrautheit fehlen völlig. Ehrlich gesagt war ich schon öfter sehr frustriert, nachdem ich einen Salon verlassen hatte. Eigentlich könnte ich mir einen Salonbesuch gar nicht leisten, und eigentlich suche ich auch gar nicht die schnelle Befriedigung. Aber ich bin nicht der Typ, der einfach eine Frau aus einer Bar abschleppen kann – falls es die überhaupt gibt –, und als 33-Jähriger, der eine Ehe hinter sich hat, gehe ich das auch nicht mehr so unbekümmert an wie ein 20-Jähriger. Deshalb gebe ich dem Druck nach, wenn die Einsamkeit zu gross wird, aber hintendrein fühle ich mich noch leerer als zuvor, spüre noch stärker, dass mir die echten Gefühle fehlen. Dann stinkt es mir umso mehr, dass ich dem Reissen nachgegeben und mir einmal mehr eine viel zu teure Illusion habe andrehen lassen.»

Stefan, 27, Sozialpädagoge
«So alle zwei Monate einmal packt mich das Verlangen und ich besuche ein Callgirl. Bei ihr suche ich ein spezielles Erlebnis und Entspannung, und es gefällt mir, dass das Ganze so anonym ist. Ein Massagesalon wäre mir allerdings zu professionell, ich bevorzuge halbprivate Callgirls, dort erhalte ich genau das, was ich will: Abwechslung, Kribbeln und Befriedigung – und das alles, ohne dass es kompliziert wird. Natürlich könnte ich ohne weiteres Frauen für ein sexuelles Abenteuer kennen lernen, ich sehe gut genug aus und habe keinerlei Hemmungen, aber im Moment bin ich überhaupt nicht auf der Suche nach einer Freundschaft. Klar, die Erlebnisse bei den Callgirls sind ganz unterschiedlich, einige machen ihren Job rein professionell, aber andere sind sehr herzlich, und obschon das Aussehen bestimmt eine Rolle spielt, geht es durchaus auch um Sympathie. Manchmal fühlt man da sofort etwas, und einmal wäre daraus beinahe eine Beziehung geworden, dann war die Frau aber nicht bereit, ihren Job aufzugeben. Dafür kann ich bei einer Prostituierten auch meine Vorliebe für Analverkehr ungeniert ausle-

ben, oder manchmal besuche ich eine Frau gleich gemeinsam mit meinem Kollegen. Für mich stimmt der Deal: Ich kriege, was ich suche.»

Otto, 65, pensionierter Chefmechaniker
«Als mich Kollegen mit 24 erstmals in einen Salon schleppten, schaute ich mich bloss etwas um und ging sogleich wieder hinaus. Für das Gebotene war mir das viele Geld dann doch zu schade. Auch in den ersten Jahren meiner Ehe kam ein Salonbesuch für mich nie eine Frage. Mir sind Romantik und Ambiance wahnsinnig wichtig, viel wichtiger als die blosse sexuelle Befriedigung, und ich wollte meiner Frau nicht untreu werden. Ich versuchte deshalb, sie für ein zärtliches Liebesspiel zu begeistern, habe auch Tantra und Kamasutra gelesen und versucht, mit Musik und Kerzen Stimmung ins Schlafzimmer zu bringen. Vergeblich: Meine Frau ist sehr christlich und mit der Überzeugung aufgewachsen, dass Sex möglichst rasch vollzogen wird und dann vorbei ist. Sie verweigerte sich mir nie und versuchte auch, unserem Beisammensein Spass abzugewinnen, aber irgendwie ist es uns nicht gelungen. Deshalb suchte ich vor etwa 15 Jahren das, was ich nicht erhielt, bei Prostituierten – fand es aber natürlich nicht. Ich hatte schon von vornherein Mühe mit dem Deal Sex gegen Geld und wusste genau, dass ich mir damit für einen gewissen Betrag eine Illusion erhandelte. Liebe kann ja bei einem solchen Deal nicht dabei sein. Nach etlichen völlig desillusionierenden Salonbesuchen gab ich es auf. Mir geht es um Nähe und Vertrauen, nicht bloss um ein routinemässiges Befriedigen, und beides fand ich nicht einmal ansatzweise. Heute läuft zwar in unserem Ehebett praktisch nichts mehr, aber das Thema Prostituierte steht für

mich nicht mehr zur Debatte. Das wäre bloss ein Pflaster auf den Drang, aber die Wärme und Zärtlichkeit, die ich eigentlich suche, finde ich dort nicht.»

Pesche, 48, Landschaftsgärtner
«Ich bin seit zehn Jahren glücklich verheiratet, und auch sexuell klappt es gut mit meiner Frau, aber im Lauf der Zeit hat sich natürlich unser Sexualleben schon etwas abgenutzt: Vor der Ehe hatte ich zahlreiche Beziehungen und kannte viele Frauen. Da ich auch heute noch gerne mal wieder neue Frauen spüre, zieht es mich alle zwei Wochen einmal zu einer Prostituierten. Hinzu kommt, dass ich eine Vorliebe habe, die ich bei meiner Frau nicht einmal auszusprechen wage: Da ich in meiner Kindheit oft mit dem Rohrstock den nackten Po versohlt kriegte, stehe ich heute auf Sadomaso. Schon früh habe ich nebst dem Schmerz plötzlich Lust verspürt, und wenn ich zusah, wie meine Schwester auf den nackten Po geschlagen wurde oder wenn ich selbst an der Reihe war, törnte mich das so sehr an, dass ich immer häufiger sogar abspritzte.

Seither bin ich immer noch auf der Suche nach einer echt sadomasochistisch veranlagten Sklavin; allerdings wurde ich bisher ausnahmslos enttäuscht. Ich merkte jedes Mal, dass die Prostituierte bloss spielte, und zwar schlecht. Das kostet mich zwar viel Geld, bringt mir aber nicht die echte Befriedigung.»

Soweit einige Freierstimmen. Und so ging es schier endlos weiter, tagelang lief mein Handy heiss. Mann um Mann wollte loswerden, warum er bei Prostituierten einen Boxenstopp einlegt und warum er das selbstverständlich nur aus einer «Notlage» heraus tut. «Welcher Mann geht schon nicht?», entschuldigte einer sich selber und seine Geschlechtsgenossen. «Da ist doch nichts dahinter», scheint die offizielle Erklärung zu sein. Und doch: Warum drängte es so manchen, seine Erfahrungen kundzutun?

Meist sind es Männer, welche die Ermüdungserscheinungen ihrer langjährigen Ehe lieber mit einem flüchtigen Bettsprung aufpeppen, als mit ihren Frauen zu reden. Das heisst, halt: Natürlich haben sie mit ihren Frauen geredet, und diese versuchten auch ihr Bestes, aber natürlich konnten sich die Frauen einfach nicht ändern ... Klar, dass die Ehemänner da ausser Haus eine tröstende Hand suchen müssen, oder?

Allerdings: Auch diese tröstende Hand war in den meisten Fällen höchstens für das Selbstvertrauen nützlich. Fragt sich bloss, ob ein vorgespielter Orgasmus tatsächlich ein Beweis für eine tolle Liebesstunde und damit eine gute Bestätigung ist? Bemerkenswert ist übrigens, dass sich auf mein Inserat hin unzählige Männer meldeten, aber nicht eine einzige Frau, die zu einem Callboy geht. Tun das wirklich so wenige Frauen? Oder ist es ihnen viel peinlicher?

Eigenartig auch, wie überzeugt fast alle – von wenigen Ausnahmen abgesehen – einmütig behaupten, ihre Ehefrauen seien halt abgekühlt und müssten das eheliche Bett leidenschaftlicher gestalten. Demnach müsste es von gefühllosen, eiskalten Frauen wimmeln ... Und von närrischen Männern: Glauben tatsächlich so viele von ihnen, dass es reicht, wenn eine Prostituierte «sehr sauber ist, und ich auch», um sich vor Aids zu schützen? Meines Wissens ist dazu immer noch das Kondom unerlässlich – oder halt doch die altmodische Treue.

Und, Männer, einmal Hand aufs Herz: Seid ihr denn wirklich so einfühlsame, zärtliche Liebhaber, dass das Feuer nur bei euren Gefährtinnen erloschen ist? Ist euer Bauch noch straff, das Haar noch am richtigen Platz und eure Aufmerksamkeit noch wach? Oder erwartet ihr bloss von eurer Frau, dass sie sich in Form hält und euch Aufmerksamkeit schenkt, ohne selbst das Gleiche zu bieten?

Wie auch immer: Gewiss seid ihr alle tolle Liebhaber. Bloss, beweist das doch einmal euren Liebsten zu Hause, statt die Damen in den Salons mit zweifelhaften Darbietungen zu beglücken.

Ritas Erfahrungen

Die Freier sind sich alle ganz ähnlich. Sie lassen sich in zwei Gruppen einteilen: Die Eingebildeten glauben, sie seien die Besten im Bett, die Unsicheren suchen die Bestätigung. Natürlich gibt es von beiden Sorten die angenehmeren und die ekligen, aber sie alle haben von sich das Gefühl, sie seien anständig und gäben sich Mühe den Frauen gegenüber.

Im Grunde genommen sind aber fast alle Männer frauenfeindlich, zumindest in einer Ecke ihres Wesens. Ich habe schon so manchen erlebt, der völlig schüchtern hereinkam und mir das Gefühl gab, er könne nicht auf zehn zählen. Dann trank er seinen ersten Whiskey, den zweiten, den dritten, und plötzlich sprach dieser schüchterne Freier, der vor lauter Verklemmtheit kaum grüssen konnte, von «Dreckfotze», «Sau», «die muss mal wieder richtig durchgevögelt werden» oder «die Alte zuhause ist wohl lesbisch, die will sowieso nichts mehr von mir» und weiter in diesem Stil. Eine Frauenverachtung sondergleichen, die Frau ist das Allerhinterletzte, nur gut zum Socken Waschen und Essen Servieren. Das Einzige, was solche Männer ihrer Ehefrau zugestehen: dass sie eine gute Mutter ist. Und das nächste Mal, wenn derselbe Freier keinen Alkohol trinkt, sondern bei Cola oder Mineralwasser bleibt, getraut er sich kaum eine Frau anzufassen, geschweige denn zu reden. Mit dem Whisky trinkt er sich Mut an – oder aber er will einfach wieder mal seine Primitivität herauslassen und weiss, dass ihm das nur mit Alkohol gelingt.

Allerdings begegnet mir dieses Verhalten auch ausserhalb des Puffs. Als ich letzthin mit meiner Hündin Leika am See spazieren ging, verlangte ein Jogger, ich solle sie an die Leine nehmen. Als ich nicht sofort darauf einging, beschimpfte er mich mit «blöde Fotze» und ähnlichen Scheusslichkeiten unter jeglichem Niveau. Ich glaube nicht, dass der Mann im Leben anders ist, als er sich im Puff gibt. Er sucht einen Grund, um seine Frauenfeindlichkeit rauszulassen. Entweder tut er dies im Wald und auf der Strasse, und wenn er dort keine Frau trifft, bei der er seine Aggressionen loswerden kann, geht er ins Puff, weil dies so einfach ist. Wenn er zahlt, kann er sich geben, wie er ist, und das ist billig, primitiv und unter allem Niveau.

Diese Seite haben leider die meisten Männer in sich – zugegeben, vielleicht müssen nicht alle sie auch herauslassen. Aber im Puff unterscheidet sich der Macho im Lederjäckchen vom geschniegelten Geschäftsmann oder vom kreativen Alternativen einzig dadurch, dass derjenige mit viel Geld sich mehr erkaufen kann und unterwürfig, also masochistisch veranlagt ist, während derjenige mit wenig

Geld im Puff Macht ausüben, sprich Aggressionen loswerden will. Beide schauen aber die Frauen im Puff genau gleich an: Ich zahle, sie muss mir zur Verfügung stehen für das, was ich will. Für sie alle ist die Prostituierte nichts anderes als ein billiges Frauenzimmer. Gewiss, auch wir Frauen haben unsere negativen Seiten, aber wir können besser damit umgehen oder lassen sie jedenfalls nicht so unkontrolliert heraus.

Was mich erschüttert, ist die Tatsache, dass gerade an Weihnachten so viele, so unendlich viele Männer ihre Zeit im Puff verbringen, bloss damit sie Gesellschaft haben. Am 24. Dezember kommen die Ledigen, die Einsamen, aber schon am 25. und 26. kommen die Verheirateten, die nach einem Tag bereits genug haben von ihrer Familie. Auch 1998 waren wir über Weihnachten und Silvester sogar mit zwei Aushilfsfrauen völlig überfüllt, zeitweise warteten zehn Männer im Wohnzimmer, bis eine der fünf Frauen wieder frei war! Irgendetwas auf dieser Welt ist krank.

Die Prostituierte braucht einiges an Toleranz, damit sie die Freier akzeptieren kann: Sie sind mühsam, wenn sie jammern, und erst recht, wenn sie ihre Primitivität herauslassen. Mir selber ist es egal, wenn sie mir alles mögliche anhängen; was ich aber nicht zulasse, ist, dass ein Freier eine meiner Frauen beleidigt. Jene, die schmutzige Wörter brauchen, um sich aufzugeilen, stören mich nicht gross: Das geht mir zum einen Ohr hinein und zum anderen wieder hinaus. Sobald einer aber meine Frauen herabwürdigt, die ihn nicht verstehen, sich weiter um ihn bemühen und ihn freundlich anlächeln, schalte ich mich dazwischen: Ich stelle eher einen schlechten Freier an die Luft, als eine gute Frau zu verlieren.

Auch jene, die bloss Glas um Glas trinken und eine Frau im Arm halten wollen, ohne irgendwann mit ihr ins Zimmer zu gehen und zu bezahlen, schicke ich weg. Das nächste Mal rufe ich gar keine der Frauen, sondern rede erst mal Klartext, indem ich den Freier vor die Wahl stelle: entweder definitiv zahlen und aufs Zimmer – oder raus. Es gibt so viele, die profitieren und sich aufgeilen wollen, und wenn sie das erreicht haben, fahren sie nach Hause und lassen ihren Trieb an ihrer Frau aus – gratis. Das gibt es bei mir nicht, ich betreibe einen Salon, keinen Wohltätigkeitsverein für Männer. Das Lustige dabei: Fast jeder Freier, den ich hinausgeworfen habe, versucht es später irgendwann wieder. Eine zweite Chance kriegt er noch – eine dritte nie. Ich habe ein ausgezeichnetes Gedächtnis, kann mir Gesichter und Vorlieben über Jahre hinweg merken, einzig die dazugehörenden Namen vergesse ich fortlaufend. Deshalb ist für mich jeder einfach ein «Schatzeli», ich kann ja schlecht alle Hans nennen.

Freier sind aber auch enorm leichtgläubig: Einmal sagte ich einem zum Spass, ich hätte ihm eine Viagra-Tablette in der Cola aufgelöst. Ich dachte mir weiter nichts dabei, doch als er vierzehn Tage später wieder kam, sagte er: «Gell, diesmal bitte ohne Viagra.» Erst wusste ich überhaupt nicht, was er meinte, und fragte mehrmals verwirrt nach. Schliesslich erklärte er mir, es wäre viel zu stark gewesen, und er sei immer noch völlig geil nach Hause gegangen. So stark ist die Einbildungskraft. Da sage ich nur: Illusionen! Dabei weiss ich gar nicht, ob man Viagra überhaupt so einfach in einem Getränk auflösen kann ...

Ansonsten sind besonders die leichtgläubigen Freier recht angenehm: Ihnen kann man gut etwas vormachen und braucht gar nicht übertrieben gut zu schauspielern, um ihnen die Illusion von Verständnis, Nähe oder Zärtlichkeit zu vermitteln. Viel schwieriger zu behandeln sind jene Freier, die zum ersten Mal in ihrem Leben in ein Puff kommen. Die sind hundertprozentig enttäuscht, weil sie viel zu viel erwarten. Den meisten geht der Schuss dann zu schnell ab oder vor lauter Aufregung passiert überhaupt nichts. Anfangs nehmen sie die Schuld dann noch auf sich, passiert es aber mehrmals, schieben sie die Schuld auf die Frau. Dasselbe passiert bei impotenten Männern: Sie sind ausnahmslos «nur gerade hier, nur gerade in diesem Moment» impotent, sonst können sie selbstverständlich immer. Aus Frust fahren sie dann ins nächste Puff, wo sie halt schon wieder nicht können. Natürlich sind dann die Frauen schuld, die Prostituierten nicht gut genug.Trotzdem versuchen sie es weiter, warten auf ein Wunder im Puff – wobei manchem schon geholfen wäre, wenn er dabei einmal nicht stockbesoffen wäre!

Obschon die Freier haargenau wissen, dass sie von meinen Frauen – genau wie früher von mir – nichts anderes erwarten dürfen als die Dienstleistung «Sex gegen Geld», suchen sie daneben auch psychische Streicheleinheiten à la «ja, du bist der Beste und hast den Schönsten». Und auch wenn ihnen klar ist, dass dies zum Geschäft gehört, glauben sie es doch nur zu gern. Viele Freier fragen mich dann auch direkt: «Gell, bei anderen ist sie nicht so lieb wie bei mir.» Oder: «Gell, ich bin ein toller Mann, ihr hat es wohl auch ein wenig gefallen.» Eben wieder so eine Illusion ...

Eine weitere amüsante Eigenart der Salonbesucher: Sie meinen, mir ständig Rapport geben zu müssen, bevor sie wieder gehen. Oder sie erklären mir zu Beginn ihres Besuchs ihre momentane Befindlichkeit und die damit verbundenen Sonderwünsche. Das ist oft sehr mühsam. Ein Beispiel: Vorher: «Heute ist mir nicht nach Nicole: Sie bläst immer ein bisschen zu lang. Margaret macht das perfekter und kann mir den Gummi auch geschickter drüberziehen. Überhaupt gibt sie sich mehr Mühe und steigt auf mich, während Nicole sich nur hinlegt und ich mich auf sie legen muss.» Nachher: «Es war wirklich besser mit Margaret, aber ehrlich gesagt macht Nicole die bessere Streichelmassage ... Übrigens soll Margaret bestätigen, dass ‹meiner› der Grösste ist. Ich habe sie so richtig müde gemacht, die war ja mal wieder total scharf auf mich.»

Meistens höre ich diesen unaufgefordert abgegebenen Rapporten einfach nur mit halbem Ohr zu und nehme Kritiken gelassen zur Kenntnis: «Du bist der Erste, der sich über dieses oder jenes beschwert. Sonst hat sich noch nie jemand beklagt», sage ich dann ruhig. Das gibt ihm zu denken: Könnte es denn gar an ihm liegen?

Die Freier, die warten müssen, sitzen bei mir an der Bar. Eigentlich mag ich mir je länger je weniger ihre Sorgen oder, noch schlimmer, ihre Überheblichkeit anhören. Zwischendurch kommt es aber auch zu weniger öden Gesprächen. Ich bin ein Naturfreak und halte mich gerne im Freien auf, darum interessiert mich der Gartenbau sehr. Daher sind mir mittlerweile die Gemüsebauern beinahe die liebsten Kunden geworden, die Gespräche mit ihnen sind am angenehmsten. Bei Diskussionen, wann man am besten was anpflanzt und welchen Mist man am besten nimmt, damit alles besser wächst, kann ich noch etwas lernen. Es ist auch schon vorgekommen, dass ich mich mit einem Freier ausführlich über Gemüseanbau unterhalten habe, während die andere Frau schon langsam angefangen hat, ihn in Stimmung zu bringen ...

Vereinzelte Freier dürfen sogar eine der Frauen mit nach Hause nehmen, das ist sozusagen ein Callgirl-Service, den ich biete. Allerdings muss ich die Männer in diesem Fall gut kennen und sicher sein, dass Adresse und Telefonnummer stimmen, damit ich weiss, wo die Prostituierte sich aufhält. Nicht jede will einen Freier begleiten, das überlasse ich ihnen ganz zur freien Entscheidung. Es ist nämlich mühsam, die ganze Nacht mit jemandem zu verbringen. Und es ist nicht das Gleiche, wie wenn man schnell für einen Quickie mitgeht. Die Frau wird meistens um drei Uhr morgens abgeholt und am nächsten Morgen um neun Uhr wieder gebracht. Wenn die Prostituierte beim Freier angekommen ist, muss sie mir telefonieren und berichten, ob noch andere Freier da sind. Bis heute ist das glücklicherweise noch nie vorgekommen. Das wäre nämlich sehr unangenehm für die Frau und unter Umständen sogar riskant.

Ist alles in Ordnung, gehe ich ins Bett, und am Morgen, wenn sie zurückkommt, gibt sie mir noch einmal Bericht. Lief der Besuch nicht so toll, hat der Freier sie zum Beispiel nie zur Ruhe kommen lassen, gebe ich ihm keine Frau mehr mit. Wenn einer mit der Begründung «ich habe schliesslich dafür bezahlt» die ganze Nacht lang herumbefiehlt, reagiere ich, wie die meisten anderen Frauen – ziemlich allergisch. «Ich habe bezahlt dafür» – so quasi, du bist ein Salatkopf, den ich gekauft habe. Ich kann dich waschen, essen, damit machen, was ich will. Das kommt nicht in Frage. Ein gewisser Respekt muss eingehalten werden – und zwar auch von Seiten der Freier.

Huren und Heiland

Die wundersame Wandlung eines ehemaligen Zuhälters

Über Nacht ist der erste Schnee gefallen, die Geräusche sind gedämpft, und friedlich rauchen die Kamine auf den weissen Dächern. Irgendwie scheint diese sanfte, ruhige Stimmung zum heutigen Zusammentreffen zu passen, so absurd es klingt: Bald werde ich Joachim Scharwächter gegenübersitzen, einem Mann, der früher als Zuhälter Frauen auf den Frankfurter Strich schickte und in der Unterwelt einen Namen als harter Kerl hatte. Diese Zeit hat er hinter sich gelassen, er hilft mittlerweile als Christ Prostituierten und Drogenabhängigen beim Ausstieg. Sein erstes kurzes Buch* hat mir einiges über diesen krassen Gesinnungswandel erklärt, aber auch viele Fragen offen gelassen.

Joachim Scharwächter wartet bereits auf uns. Es fällt mir schwer, mir diesen unscheinbaren Mann mit schütterem Haar, kurzem grauem Bart und überdimensionierter Pilotenbrille als ehemaligen Zuhälter vorzustellen. Keine Spur von Goldkettchen oder Machogetue, stattdessen verwaschene Jeans, dunkler Strickpulli und ein höflicher Beinahe-Knicks zur Begrüssung. Eher könnte ich ihn mir als Schulhausabwart oder Beamten vorstellen, aber niemals als ehemaligen Zuhälter und schon gar nicht als Heilsarmee-Pastor.

Wir haben kaum zu sprechen begonnen, als uns sein Handy unterbricht: Heini, sein Schwager, möchte ihm die

---

* Jo Scharwächter, «Halleluja-Jo. Vom Zuhälter zum Heilsarmee-Offizier», Brendow-Verlag, 1989

jüngste Baby-Tochter einmal vorführen. Jovial tönt Scharwächter in den Apparat, friedliches Familienleben statt geheimnisvollen Milieus prägen längst sein Leben. Aber vergessen hat er die vergangenen Zeiten nicht, «bloss hinter mir gelassen». Immer noch nennt er einige seiner früheren Frankfurter Gangsterkollegen – heute mit einem ehrenwerten Mantel bedeckt – seine besten Freunde.

Und Freunde zählen viel für den Mann, der 1944 in Helmond, Niederlande, zur Welt kam, sechs Wochen später in Russland den Vater verlor und als jüngerer Zwilling eines verhätschelten, schwächlichen Bruders seit kleinster Kindheit ein Schattendasein fristete. Mit drei Jahren riss er das erste Mal von seinem Zuhause in Wuppertal aus und wurde per Polizei wieder zu Hause abgeliefert. Mit zwölf beschloss er kurzerhand, zu seiner Tante Jo nach Helmond zu ziehen. Die hatte schon neun Kinder, ein zehntes würde wohl nicht auffallen. An der Grenze wurde er aufgegriffen und zur «Jugendschutzstelle» transportiert. «Zum ersten Mal erlebte ich so etwas wie Knast», beschreibt er die Erfahrung.

Joachim floh, schlug sich zu Fuss nach Wuppertal durch, stahl sein Essen zusammen und versteckte sich sechs Wochen lang erfolgreich vor der Polizei. Schliesslich schnappten sie ihn doch, als ihn der Hunger nachts in ein Obstgeschäft trieb. Von da an schien sein Weg vorbestimmt: Als notorischer Ausreisser und nun auch als Dieb bekannt, landete er im Erziehungsheim, klaute «Geschenke», die er mit den anderen teilte, weil er sonst keine bekam, fand eine Lehrstelle als Orgelbauer, die er aber wegen einer Paraffinöl-Allergie abbrechen musste, und landete schliesslich in einem Heim für Schwererziehbare. «Statt einer Berufsausbildung habe ich dort eine ‹Lehre› in Kriminalität absolviert – und mit Erfolg», schreibt er. Vergitterte Fenster, grauer Arbeitsanzug, Ohrfeigen und Schläge oder gar homosexueller Missbrauch prägten den Alltag in der christlichen Anstalt.

Es kam, wie es kommen musste: erneuter Ausbruch, erster winziger Handtaschenraub und damit auch erstmaliger Knastbesuch. Von da an versank der 16-Jährige immer tiefer im Sumpf, landete in Toulouse bei einer Prostituierten, die ihn mit ihrem Verdienst aushielt – und liess sich von dem «verruchten Milieu» beeindrucken: «Prostituierte, Zuhälter, Freier – eine ganz neue Welt.» Als seine Mutter im Sterben lag, fuhr er nach Deutschland zurück, wo er ohne Umwege wieder ins Gefängnis verfrachtet wurde. Er war immer noch auf der Fahndungsliste, sollte nun endlich den Rest seiner Strafe absitzen. Die Mutter sah er nie mehr lebendig und konnte sie zu seinem grossen Kummer nicht mehr um Verzeihung bitten.

Stattdessen verliebte er sich in eine Christin und erfuhr schon bald einmal, wie unerbittlich die Frommen richten können: Als er Elsbetta seine Vergangenheit gestand, stiess sie ihn entsetzt zurück und sagte, sie könne mit ihm nichts anfangen. Da sah Joachim rot. Gut, wenn ihm niemand eine Chance zum Guten liess, wollte er halt auch so werden, wie sie ihn haben wollten. «Von jetzt an soll mein Leben nur noch dem Verbrechen dienen», beschloss er.

Und was Jo Scharwächter sich vornimmt, tut er gründlich. Zielstrebig fuhr er nach Frankfurt, aktivierte seine alten Knastkontakte und liess sich gründlich ins Milieu einführen. Innert Kürze hatte er sich im besseren Stadtteil installiert und liess drei, manchmal vier Frauen für sich «laufen». Seine Nachtarbeit bestand nunmehr im Abkassieren, den Frauen bezahlte er bloss Taschengeld für Coiffeur, Kleider und Essen. Selber lebte er in Saus und Braus, trug Goldkettchen, Rolex und Ringe, fuhr immer das neueste, teuerste Auto vom Mustang bis zum Opel-Sportcoupé.

«Zuhälter sein ist auch ein Status: Man war ein guter Zuhälter, wenn man die teuersten Autos fuhr – und wenn alles klappte», sagt er heute nicht ganz ohne Stolz. Wenn es nicht so klappte, wie er wollte, half er mit den Fäusten nach. Als ein Angetrunkener eines seiner Mädchen «alte Ziege» nannte und ihr in den Tee spuckte, explodierte Holländer-Jo: Ohne noch zu spüren, was er tat, prügelte er den Pöbler aus dem Lokal und etwa vierhundert Meter weit die Strasse hinunter, wo er ihn unter eine Strassenbahn schmeissen wollte. Erst da kam er wieder zu Bewusstsein. «Da bin ich über mich selbst und meine Brutalität erschrocken. Mir war einfach der Faden gerissen», schreibt er in seinem Buch.

Der Schreck war für Scharwächter aber kein Grund, mit der Gangsterkarriere Schluss zu machen, im Gegenteil, er trieb es wilder denn je: «Angst habe ich in der Zeit überhaupt nicht mehr gekannt.» Dafür eine innere Leere, die er auffüllen musste. Er füllte sie immer gründlicher, und zwar mit Wodka. Nach einigen Jahren brauchte er morgens zwei Flaschen Wodka, bis er überhaupt normal funktionierte, die Hälfte der ersten Flasche ging meistens daneben, weil ihm die Hände derart zitterten. Nach der zweiten Flasche musste er sich ein Auge zukleben, damit er Auto fahren konnte. Glück? Nein, Glück kannte er nicht in dieser Zeit. Menschliche Wärme dagegen schon, die erfuhr er bei jenen Frauen, die ihm sein teures Leben finanzierten.

Welche Prostituierte brachte denn viel Geld ein? Scharwächter überlegt nicht lange: «Eine mütterliche. Eine schöne strahlt Sex aus, das weckt in den Männern bereits die

Angst, nicht zu genügen.» Von sich selbst machte er sich zu dieser Zeit kein Bild. Er mochte nicht überlegen, ob gut war, was er tat, stattdessen lebte er stets in Extremen, mit Haut und Haaren, und bereut deshalb auch keinen Tag Gefängnis. «Ich wollte alles gut machen, gut sein in dem, was ich tue.»

Daran hält er sich auch heute. «Das Beste ist gerade gut genug für den Menschen, mit dem ich arbeite.» Dieses Beste hat allerdings nichts mehr mit der Unterwelt zu tun, genauer gesagt steht Joachim Scharwächter mittlerweile auf der Seite derer, die Gestrauchelte auffangen: Als Suchtarbeiter, Sozialarbeiter und Seelsorger leitet er das Haus Elim der diakonischen Stadtarbeit Basel, in welchem vor allem Drogenabhängige Zuflucht und neue Möglichkeiten finden.

Ein weiter Sprung vom prügelnden Zuhälter bis zum rettenden Engel. Für Scharwächter aber eine logische Entwicklung. Während seinem letzten Gefängnisaufenthalt – zwischen 1962 und 1975 sass er insgesamt neuneinhalb Jahre wegen räuberischer Erpressung, Diebstahl, Zuhälterei, Körperverletzung und Fahren ohne Führerschein im Knast! – begegnete ihm seine Traumfrau Doris, eine Christin, die mit einer Gruppe anderer Christen die Gefängnisinsassen besuchte. Als er sie zum ersten Mal erblickte, dachte er, ihn treffe der Schlag. «Sitzt da doch meine Traumfrau, so wie ich sie mir nachts immer vorgestellt habe: blond, blaue Augen, schlank, gute Figur.» Jo will sie ansprechen, geht auf sie zu – und weiss nichts anderes zu fragen als: «Willst du mit mir schlafen?», dann kriegt er einen roten Kopf. Sie reagiert gelassen, antwortet, nein, sie warte auf den Mann, den Gott ihr schenke.

Diese Antwort imponiert ihm schwer, und er schreibt der jungen Frau noch am selben Juni-Abend den ersten Brief.

Gleichzeitig nimmt er erstmals eine christliche Zeitschrift zur Hand und liest die Geschichte über einen Jungen, der eine Apotheke ausraubt, von zu Hause abhaut und schliesslich doch Vergebung erfährt – zuerst vom Apotheker, dann von Gott. In dem Moment macht es klick!, und der abgebrühte Knastbruder weiss: «Jetzt musst du dich entscheiden für Jesus, jetzt oder nie.» Er kniet sich hin, betet und weiss schlagartig: «Gott lebt.» Seit diesem Tag ist Joachim Scharwächter ein Christ, trinkt keinen Alkohol mehr und hat sich nach Jahren auch das Rauchen abgewöhnt. So simpel ist das.

Wenige Wochen später hielt er per Post um die Hand seiner Traumfrau Doris an und hatte nach sieben bangen Tagen endlich ihre Antwort in den Händen: «Ja, ich will deine Frau werden. Ich glaube, dass du der Mann bist, den Gott mir gezeigt hat», schrieb sie schlicht. Am 27. März 1975 heirateten die beiden, am 15. September wurde Scharwächter vorzeitig aus dem Gefängnis entlassen und fand mit Hilfe seiner Frau eine Stelle als Maschinist in einem Edelstahlwerk. Als er seinen ersten Monatslohn nach Hause trug, weinte er: «Das ist das erste sauber verdiente Geld in meinem Leben.»

Zur selben Zeit schloss er sich der Aktion «Notwende» an, die Briefkontakte zwischen Gefangenen und freiwilligen Helfern vermittelte, und hielt mit seiner Frau Vorträge und Bibelstunden in Gefängnissen. Von da an war es nicht mehr ein weiter Weg zum vollzeitlichen Engagement für Glücklose. Ein Dokumentarfilm mit dem Titel «Jesus auf St. Pauli», der die Arbeit der Heilsarmee auf St. Pauli zeigte, machte das Ehepaar zutiefst betroffen. «Das ist der Platz, wo Gott uns haben will», sagte Doris. Scharwächter sträubte sich: «In mir schrie alles nach Abwehr. Nein, niemals», dachte er.

«Alles andere will ich tun, nur nicht zur Heilsarmee. Diese Uniform – niemals. Sich mit alten Frauen auf die Strasse stellen und singen ‹Jesus liebt dich› – niemals.»

Doch seine Frau liess nicht locker und brachte ihn so weit, dass sie zumindest nach Dortmund fuhren und mit dem dortigen Heilsarmee-Leiter sprachen. Der Zufall wollte, dass dieser ein Holländer war, und für Holland hatte Joachim schon immer eine Schwäche gehabt. So dauerte es nicht mehr allzu lange, und das Ehepaar Scharwächter liess sich probehalber bei der Heilsarmee aufnehmen, später kamen sie zur definitiven Ausbildung auf die Offiziersschule in Bochum. Am 6. Juni 1981 wurde der ehemalige Zuhälter und Knastbruder Joachim Scharwächter ordiniert und unterschrieb das Gelübde, Gott in der Heilsarmee treu zu dienen. Halleluja-Jo war geboren und setzte einen dicken Schlussstrich unter seine Vergangenheit.

Und doch begleitet sie ihn bis heute täglich. Von den Bewohnern des Hauses Elim wird er umso mehr respektiert, als er nicht frömmelnd und abgehoben von Jesus predigt, sondern auch ihre Welt, die Welt der Drogen und der Kriminalität, bestens kennt und ganz pragmatische Hilfe zum Ausstieg anbietet. Wenn Scharwächter über seine heutige Arbeit spricht, sprudelt er nur so über und ist kaum mehr zu bremsen. «Es ist wichtiger, Drogenabhängige erst mal von der Droge und vom Drogenstrich wegzubringen und ihr Vertrauen aufzubauen, als ihnen den Kopf mit Jesus zu füllen», referiert er, und fährt gleich weiter: «In meiner Arbeit möchte ich die Liebe von Jesus ohne Vorbehalt an andere Menschen weitergeben. Aber nicht, indem ich sie gewaltsam zu überzeugen suche, sondern indem ich die anderen um ihrer selbst willen achte, sie die Barmherzigkeit spüren lasse.»

Er redet bei der Arbeit offen über seine Vergangenheit, um damit Mut zu machen und zu zeigen: «Schau, ich hab's geschafft – du kannst das auch.» Und bei vielen wirkt diese Ermutigung tatsächlich. 70 Leuten hat Scharwächter in den letzten anderthalb Jahren, seit er im Haus Elim arbeitet, zu einem Therapieplatz verholfen. Er versucht, Geld für Ausbildungen und billige Unterkünfte aufzutreiben und gleichzeitig den Männern und Frauen ein Ziel zu schaffen, einen inneren Halt aufzubauen.

Überhaupt rühmen ihn alle, auch Peter Schild, Leiter der diakonischen Gassenarbeit, findet es total wichtig, dass Joachim mit seinem Hintergrund hier ist. Besonders für kriminelle Drogenabhängige ist er sehr froh, wenn er auf Jo zurückgreifen kann: «Er macht uns mit seiner Lebenserfahrung glaubwürdig.»

Noch glaubwürdiger macht sich Scharwächter dadurch, dass er mit seinem ältesten Sohn Carsten (22) zusammen arbeitet. Nach einem Riesenkrach haben die beiden zusammengefunden, seit etwa zwei Jahren betreut Carsten Büro, Buchhaltung und Computer. Für ihn, der mit der Sozialarbeit aufwuchs, ist einer, der mal im Knast gesessen hat, sogar spannender als ein «Normaler». Zu denen findet er den Draht nicht mehr so einfach: «Wenn man einmal ein bestimmtes Mass an Leiden gekannt hat, spricht man nicht mehr vom Gleichen.» Für ihn sind Junkies und Prostituierte die Normalen.

Dass sein Vater Zuhälter und Verbrecher war, stört ihn entsprechend wenig. «Diese Zeit kreide ich Jo nicht im Geringsten an – ich kenne sie auch bloss aus seinen Büchern und Predigten, auf unser Familienleben hatte das nie Einfluss», sagt Carsten. Was ihm viel mehr Mühe bereitete, war jene Zeit, als sich sein Vater in Mission für die Heilsarmee abstrampelte und dabei seine Familie vernachlässigte: «Mein grösster Vorwurf ist der, dass er oft 500 km fuhr, um jemand Fremdem mit Gesprächen zu helfen – aber nicht die paar Meter zu meiner Schule schaffte, um am Elternabend zu erfahren, wie es mir in der Schule geht.»

Daran ist auch die Ehe der Scharwächters vor drei Jahren zerbrochen, worauf Offizier Scharwächter offiziell aus der Heilsarmee ausgeschlossen wurde. Eine vermasselte Ehe und verpasstes Familienleben: ein hoher Preis für ein Leben als Christ. Umso mehr, als gerade die Christen Scharwächter nach der Scheidung einmal mehr schmählich im Stich liessen. Nur dank seinen ehemaligen Zuhälter-Freunden konnte er aus einem tiefen Loch wieder herausfinden, sie unterstützten ihn moralisch und finanziell. Mittlerweile pflegt er mit seiner Ex-Frau Doris und den Kindern Claudia und Hansi ein freundschaftliches Verhältnis.

Auch Sohn Carsten hat seinen Vater verstehen gelernt, seit sie zusammen arbeiten. Inzwischen ist ihm nämlich auch schon passiert, dass er vor lauter Engagement seine Mutter und Geschwister vernachlässigte. Und er hat entdeckt, dass er nicht immer mit seinem Vater einer Meinung sein muss, um ein gutes Verhältnis zu pflegen. Im Gegenteil: Die beiden diskutieren viel und respektieren sich gegenseitig, so dass eher eine Freundschaft als eine Vater-Sohn-Beziehung gewachsen ist.

«Für mich das Tollste, was mir passieren konnte», freut sich Scharwächter. Das Vorbild, das er und Carsten für die Hausbewohner darstellen, hilft ihm bei der Arbeit mit Drogenabhängigen mehr als irgendeine seiner Ausbildungen als Pastor und Sozialarbeiter. «Die meisten Junkies haben ein sehr problematisches Verhältnis zu ihrem übermächtigen, leistungsorientierten Vater», weiss er aus Erfahrung. Die Vater-Sohn-Beziehung, die ihnen Scharwächter vorlebt, bringt sie dazu, ihm zu vertrauen.

Anders verhält es sich in der Beziehung zu Prostituierten: Zu jenen in Salons hat eh der Leiter der Gassenarbeit mehr Kontakt, er geht in den Bordellen ein und aus und bietet seelischen Halt, wenn gewünscht. Das Drogenproblem in den Salons ist aber verschwindend klein. Der Berner Sittenpolizist Peter Zangger jedenfalls hat nur sehr selten mal eine Anzeige laufen gegen eine Prostituierte, die kokst, und auch das nur, wenn gerade wieder ein Ring hochgegangen ist. «Sonst kennen wir von der Sitte kein grosses Drogenproblem, ausser vielleicht ganz selten eine Alkoholikerin.» In Basel und Zürich sehen die Zahlen nicht viel anders aus: Drogen und Salons? Nein, für die Stadtzürcher Sittenpolizei kein Thema, ebenso wenig für die Basler.

Ein Szenekenner erzählt allerdings andere Geschichten über Drogen und Bordelle. Demnach ist es nicht unüblich, dass in Clubs Frauen mit Drogen gefügig gemacht werden, wenn sie keine Lust auf organisierte Sexparties und Rudelorgien verspüren. Die Drogen gelten dann als letztes Mittel, wenn die Erpressung mit den Arbeitspapieren nicht mehr funktioniert. Eine widerliche Machtausübung von Seiten der Clubbesitzer.

Noch trauriger sind die Zahlen jener Frauen, die auf dem Drogenstrich anschaffen: Ende 1998 gingen 247 Frauen in Bern auf den Drogenstrich, in Zürich waren es 100 mehr oder weniger regelmässig aktive, in Basel waren 49 Drogenprostituierte erfasst, aber nur 35 aktiv. «Ein himmeltrauriges Kapitel, vor allem wenn man mal die Freier betrachtet. Vom

Arbeiter bis zum Generaldirektor ist sich keiner zu schade», empört sich der Berner Sittenpolizist Peter Zangger.

Susi, jene Drogenprostituierte, die seit einem guten Jahr im Haus Elim wohnt, brauchte ganz dringend konkrete Hilfe. Mit 15 flüchtete sie sich vor ihrem strengen Stiefvater in die Drogen, wurde von den Eltern zum Entzug nach Südafrika auf eine Kampfsportfarm geschickt, wo die zierliche Blondine dreimal täglich Karate üben musste. Nach vier Jahren war sie zerbrochen und weigerte sich nach einem Besuch in der Schweiz, dorthin zurückzukehren. Stattdessen versank sie sofort wieder im Drogensumpf, wurde mit 19 invalid geschrieben und ging schliesslich erstmals auf den Strich – ungeschützt.

Zum Glück landete sie durch eine Kollegin im Haus Elim und kam unter Scharwächters Obhut. «Ich musste lange versuchen, an sie heranzukommen und ihr Vertrauen zu gewinnen», erinnert er sich. Zuerst leitete er ein Methadonprogramm in die Wege, päppelte die junge Frau wieder einigermassen auf und trat schliesslich in Kontakt mit der Familie. «Er habe Susi nie misshandelt, behauptete dieser Kerl eiskalt.» Scharwächter ereifert sich noch heute: Dabei habe der Stiefvater Susi für jede Kleinigkeit 50 Liegestütze machen lassen. Als er fand, das sei doch gar nichts, sah Joachim rot: «Ich zwang ihn, auch 50 Liegestütze zu machen – und plötzlich fand er es auch nicht mehr so toll.» Und Scharwächter triumphierte: «Siehst du, das war doch Missbrauch.»

Genau so tatkräftig kümmert er sich um Alltägliches: Er organisierte von der Mutter 1 000 Franken, damit sich Susi wenigstens wieder anständige Kleider und Pflegeartikel besorgen konnte. Von Jesus erzählte er in dieser Zeit nichts, er lebte seine Christlichkeit simpel vor. «Ich konnte das Mädchen doch nicht mit Jesus volllabern, bevor sie sich überhaupt einigermassen gefangen hatte», erklärt er. Sein Prinzip: erst mal das Leben auf die Reihe kriegen, und wenn wieder Ordnung herrscht, sachte den Heiland ins Spiel bringen. Aber bloss nichts aufzwingen: «Meistens fragen mich die Leute von selbst nach Jesus, wenn sie nämlich erkennen, dass mir mein Glaube so viel Halt gibt.»

Dazu erzählt er in seinem zweiten Buch* das Beispiel einer deutschen Prostituierten, die er als Heilsarmee-Offizier aus dem Milieu befreite und in die Schweiz entführte. In Uniform und mit Sammelbüchse stand er auf dem Kontakthof eines Eros-Centers in Düsseldorf, als ihn eine attraktive Mittzwanzigerin ansprach und sich ihm für fünfzig Mark anbot. «Mädchen, wenn du das früher zu mir gesagt hättest, hätte ich dich als Schnauz unter der Nase getragen», antwortete Scharwächter rüde. Sie wunderte sich über seinen Ton, die beiden kamen ins Gespräch und Scharwächter erzählte ihr von seinem früheren Leben als Zuhälter. Und natürlich über seinen Ausstieg. Helga, die Prostituierte, fand es «Klasse», dass er es geschafft hatte. Sie selber werde es wohl nie schaffen. Zu gross seien die Schwierigkeiten mit den Zuhältern, die Schwierigkeiten, ein normales Leben zu führen und als Ex-Prostituierte eine Stelle zu finden.

Unermüdlich machte ihr Scharwächter Mut, versicherte ihr, Gott werde auch ihr einen Weg zeigen. Ein paar Wochen später klingelte mitten in der Nacht das Telefon und Helga

---

* Jo Scharwächter, «Maske ab! Aus dem Alltag des Halleluja-Jo», Brendow-Verlag, 1990

sagte: «Wenn du hältst, was du versprochen hast, nämlich dass du mich hier rausholen willst, dann musst du jetzt kommen. Hier und jetzt und auf der Stelle.» Halleluja-Jo hielt sein Versprechen und fuhr die Prostituierte noch in derselben Nacht über die Grenze in die Schweiz. «Ich wusste ja, wie prompt und brutal die Unterwelt reagiert, wenn einer aussteigt, weil dadurch viel Geld verloren geht», schreibt Scharwächter. «Wir hatten keine Zeit zu verlieren.»

Trotz Zeitdruck und Angst verlangte Helga kurz nach der Schweizer Grenze, dass Joachim auf einem Parkplatz anhalte. Sie blieb ruhig im Auto sitzen und sagte, sie wolle seinen Glauben annehmen: «Du hast mir gezeigt, dass dein Glaube Berge versetzen kann. Du hast dein Leben riskiert, damit ich fliehen konnte.» Scharwächter war ziemlich verblüfft, aber er erklärte Helga seinen Glauben, bevor er sie bei einem Freund mit «starken Kontakten» unterbrachte.

Wie sein Vorbild Christus verurteilt Scharwächter nicht, er ist immer bereit, jemandem eine neue Chance zu geben. Kein Vorwurf kommt über seine Lippen, wenn ihm Susi zerknirscht gesteht, kürzlich wieder einen Freier «gemacht» zu haben. Gelassen überlegt er mit ihr zusammen, wie weiter. Im konkreten Fall muss er sich zuerst um den Freier kümmern. Dieser hat Susis Jacke samt Identitätskarte an sich genommen und behauptet, sie hätte ihn übers Ohr gehauen und ihren Part nicht «befriedigend» erfüllt. Nun droht er mit der Polizei. Bei Scharwächter ist er damit an den Falschen gelangt. Der kennt nicht nur Sprache der Unterwelt, sondern auch jene des Gesetzes. «Diebstahl von Staatseigentum», kommentiert er trocken. «Der Kerl wird mich kennen lernen.» In solchen Fällen kommt jeweils wieder der rauhere Jo zum Vorschein, den es arg kitzelt, einen solchen Typen kurzerhand windelweich zu hauen. Ein Heiliger ist er auch heute nicht, «nur einer, der seinen Lebenssinn gefunden hat». Und einer, der die Menschen mit ihren Abgründen kennt, der weiss, dass niemand nur gut ist – aber auch niemand nur schlecht.

Jo Scharwächter, ein Mann, der Frauen zuerst an Freier vermittelt und sie später grossmütig wieder aus der Misere befreit: ein grenzenlos überheblicher Typ mit grenzenloser Verachtung für die Frauen? Er lacht herzhaft, lässt sich nicht aus der Ruhe bringen. «O nein, im Gegenteil! Ich achte alle Frauen sehr hoch. Lange Zeit suchte ich bei jeder auch die Liebe meiner Mutter.» Allerdings ist er heute noch am Lernen, was sein Frauenbild betrifft. Er achtet in jedem Fall Huren ebenso hoch wie Hausfrauen: «Christus ging selber stets zu den Randständigen hin, er war weit entfernt, jemanden zu richten – wie sollte ich also richten?» Ausserdem weiss er aus seiner Erfahrung: «Ex-Prostituierte sind die besten Ehefrauen. Sie verstehen mehr vom Leben und von Treue als alle anderen.»

Rahel, seine zweite Frau, ist allerdings keine Ex-Prostituierte, hat dieses Milieu noch nie kennen gelernt. Trotzdem scheint sie doch genügend vom Leben und von Treue zu verstehen, jedenfalls schwärmt Joachim in den höchsten Tönen von ihr. Sie selber spricht nicht gern über ihre Beziehung, kuschelt sich lieber vertrauensvoll an ihn und zeigt ihre Liebe pragmatisch. Beispielsweise mit dem selbstgebastelten Adventskalender, aus dem Jo jeden Tag ein liebevoll eingepacktes Päcklein auspacken darf. Mit ihr bewohnt Scharwächter eine gemütliche, gutbürgerliche Wohnung mit Kinderspielplatz vor dem Haus und Fichtenholzmöbeln in der Wohnstube. Stolz reicht der Hausherr einen Teller mit frisch gebackenen Keksen herum, «meine ersten selbst gebackenen», strahlt er. Er geniesst sein kuscheliges Zuhause, eigentlich sein erstes eigenes. Vorher wohnte er mit der Familie in Heilsarmee-Wohnungen. In sein kleines Reich zieht er sich bewusst zurück, er will sich nicht mehr von seiner Aufgabe das Privatleben verderben lassen, sondern geniesst seine Freizeit und seine Schweizer Frau. «Schweizerinnen haben einen freundlichen Geruch», stellt er überraschend fest.

Soweit tönt seine Geschichte sehr plausibel, wirkt sein Christsein erfrischend unaufdringlich. Trotzdem habe ich das Gefühl, mir den Holländer-Jo nicht so ganz zusammenreimen zu können, scheint mir, der neue Joachim verschanze sich hinter Gesprächen über seine Arbeit und über Jesus und weiche diesem Kapitel aus. Hat er es verdrängt? «Nein, aber hinter mir gelassen», erwidert er ungerührt. «Nach 25 Jahren ist das eine alte Welt, die kann so nicht mehr gelebt werden.» Und er mag sie auch nicht verherrlichen, obschon sie «teils auch sehr schön» war.

Details über seine Verbrecherkumpane aus dem Milieu will er ohnehin nicht preisgeben, dafür hat er sein Ehrenwort gegeben. Diese Freunde haben ihn unterstützt, ihm mit Geld ausgeholfen, wenn er zu scheitern drohte, ihn moralisch aufgefangen, als er von der Heilsarmee ausgeschlossen wurde und seine Welt schier zusammenzubrechen schien. Sie waren für ihn da, als die sogenannten Christen ihn fallen liessen. Warum sollte er also heute über sie richten? «Es stört mich nicht, was andere tun», ist sein Motto.

Und sonst gibt es für ihn aus den wilden Jahren nicht mehr viel zu erzählen. «Die Frauen?» Seine blaugrauen Augen blicken bass erstaunt: «Nein, die habe ich doch überhaupt nicht gezwungen, auf den Strich zu gehen. Die suchten ja in der Nachkriegszeit verzweifelt einen Weg, um zu Geld zu kommen, und gingen freiwillig auf die Strasse. Dafür brauchten sie nun mal einen Zuhälter.» Aber er kassierte gern ihr Geld. «Ja, natürlich. Ich liess sie im Glauben, ich lege es für sie an. Klar war dies eine Illusion, aber ich bezahlte doch auch dafür. Ich nahm das Geld quasi im Austausch dafür, dass ich doch auch nicht erhielt, was ich mir eigentlich wünschte: Liebe.»

Und heute glaubt er, mit der Errettung von Drogenprostituierten sein damaliges Verhalten wieder gut zu machen? «Quatsch, das kann man gar nicht wieder gut machen. Heute lebe ich halt so, wie es mir entspricht.» Eigentlich mag er die alten Zeiten wirklich nicht mehr hervorziehen, zu lange ist er unter dem Zeichen «geläuterter Verbrecher» von der Heilsarmee vermarktet worden. Heute ist er nicht mehr der harte Holländer-Jo aus dem Milieu, aber auch nicht mehr der strahlende Halleluja-Jo der Heilsarmee. «Heute bin ich ganz einfach der Joachim.»

Ritas Reaktion

Wieso sprechen eigentlich alle von Anlaufstellen für Prostituierte, warum ist noch niemand auf die Idee gekommen, eine Anlaufstelle für Freier einzurichten? In Wirklichkeit sind sie es, die echte Probleme haben, doch nicht nur die Frauen!

Was den Ausstieg anbelangt, war ich allerdings bisher davon überzeugt, dass es unmöglich ist, einer Prostituierten zu helfen. Auch wenn sie nicht süchtig nach Alkohol oder Drogen ist – nach dem Geld und dem damit verbundenen Lebensstandard ist sie es garantiert. Hinzu kommen all die Probleme, die sie bei einem Ausstieg erwarten. Es ist eine Illusion zu glauben, sie könne mir nichts dir nichts in einen anderen Job wechseln. Schon manche ausstiegswillige Prostituierte scheiterte daran, dass sie sich für einen Posten in Büro oder Verkauf vorstellte – und plötzlich beim Vorstellungsgespräch einem ehemaligen Freier gegenüber sass! Und wie soll eine Prostituierte all die Jahre begründen, für die sie kein Zeugnis vorweisen kann? Die Aussage, sie habe in der Dienstleistungsbranche – so lautet ja heute die offizielle Zuordnung – gearbeitet, genügt heutzutage nicht mehr.

Auch ich habe die allerletzte Hürde nicht geschafft und bin – wenn auch nicht körperlich – bei der Prostitution hängen geblieben. Und zwar ganz einfach darum, weil mir nach meinem abrupten Ausstieg die Leute und der Betrieb fehlten. Ich konnte mit der vielen freien Zeit nicht umgehen, sah keinen Grund mehr, am Morgen überhaupt aufzustehen und irgendetwas anzufangen. Als mir in dieser Zeit noch die eine meiner beiden Zwergpudeldamen starb, verlor ich ganz den Boden unter den Füssen und versank zeitweise beinahe in eine Depression.

Plötzlich merkte ich, dass eigentlich niemand da ist für mich. Dabei hätte ich doch so dringend jemanden gebraucht, der mich am Arm genommen und mit mir etwas unternommen hätte, jemand, der mir gesagt hätte: «Kopf hoch, Rita, es wird wieder besser.» Anderthalb Jahre brauchte ich, bis ich wieder einen geregelten Tagesablauf fand – und auch das nur dank meiner neuen Aufgabe: meinem Salon. Ich bin also ein absolut typisches Beispiel dafür, dass die Idee vom raschen Einstieg, vom schnellen Geld und vor allem vom leichten Ausstieg in der Realität nicht funktioniert.

Wenn ich heute noch praktische Hilfe nötig hätte, würde ich mich ohne Zögern an Joachim Scharwächter wenden. Er fängt die Frauen auf kompetente Art auf. Ähnlich positive Erlebnisse hatte ich mit der Prostituierten-Organisation Hydra in Berlin. Vor allem Steffi Klee, selber eine Ex-Prostituierte, setzte sich sehr für mich ein. So wie sie bietet auch Joachim keine Utopien, sondern praktische und realistische Hilfe. Was die Frau braucht, ist wirklich ein Dach über dem Kopf und etwas zu essen. Im Fall von Susi, als Joachim sich sehr pragmatisch um den erpresserischen Freier kümmerte, zeigt er, dass er Taten statt Phrasen bietet.

Ferner beeindruckte mich, dass er bei unserem Gespräch bereits nach einer halben Stunde sagte, er würde mich – falls ich bei ihm Hilfe suchte – in einem Bereich unterbringen, in dem ich mit anderen Leuten zu tun hätte. Also wirklich das, was ich gerne mache. Er erkannte meine Fähigkeiten und Vorlieben sehr gut und sehr rasch. Das erste Mal begegnete ich übrigens Joachim Scharwächter bei einer ZDF-Talkshow in München, in der er mein Kontra sein sollte. Das gelang ihm aber nicht, weil wir einander auf Anhieb sympathisch waren und er gar nicht so scharf gegen Prostitution wetterte, wie er eigentlich sollte ...

Obschon ich nicht ganz überzeugt bin, ob er auch wirklich die echte Geschichte erzählt und wirklich der ist, als der er sich ausgibt, bin ich dennoch überrascht, wie einfach und einleuchtend Scharwächter den Glauben an Jesus zu vermitteln mag. Bisher hatte ich mit der Kirche so viele schlechte Erfahrungen gemacht, dass ich schliesslich in den Neunzigern austrat – mit einem rabenschwarzen Gewissen.

Schon Jahre zuvor wollte ich eigentlich austreten, liess mich aber von einem Priester einschüchtern, der mir drohte, ohne Kirche könne ich beim Tod meiner Mutter keine Beerdigung und keinen Beistand erwarten.

Es ist seltsam, aber viele Leute scheinen zu glauben, eine Prostituierte müsse gottlos sein. Das Gegenteil ist der Fall! Wir brauchen wohl mehr als andere einen Halt. Ich kannte mal eine Prostituierte in Frankfurt, die über ihrem Bett ein Kreuz aufgehängt hatte. Als ein Kollege sie fragte, warum sie das tue, erklärte sie schlicht: «Weil Jesus der Einzige ist, der mir nicht den Rücken zugewandt hat.»

Auch mir ist Gott eigentlich sehr wichtig, aber mein Gott ist nicht zürnend und strafend, sondern gütig. Er verkörpert für mich Licht, Liebe und Vergebung. Ich glaube, alles, was auf Erden geschieht, hat einen Sinn, und manchmal sehe ich den Sinn meiner langen Zeit als Prostituierte, manchmal nicht. Entsprechend dachte ich bisweilen, ich hätte einen extrem hohen Preis gezahlt für dieses Leben. Heute bin ich weniger pessimistisch und glaube, dass dies ganz einfach mein Drehbuch war. Ich hatte keine Alternative. Und Gott weiss, warum ich etwas tue, er sieht den Sinn immer.

Nebst dem Glauben an Gott ist im Milieu die Esoterik sehr verbreitet. Auch ich habe einen Bezug dazu. Meine Geistwesen beispielsweise haben mir gesagt, dass ich bei einem Buch gewaltig in Schwierigkeiten käme und mich dann ins Ausland absetzen müsste. Bei welchem Buch – das haben sie mir nicht verraten. Sie nennen aber Namen, vor denen ich mich in Acht nehmen muss. Sie haben mich immer begleitet, und sie haben mir gesagt, dass ich im September 1995 aufhören werde, als Prostituierte zu arbeiten, und dass mein erstes Buch erscheinen werde, sogar bei welchem Verlag.

Ich habe in meinem Leben trotz allem sehr viel Glück gehabt und konnte dank der vielen Schutzengel, die mir immer wieder beistehen, jedes Mal wieder aufstehen. Ich werde mich hüten, sie zu vergraulen. Vor allem im Milieu, wo man ausgegrenzt ist und mit dem Schicksal hadert – obschon man es ja selber so gewollt hat, sucht man eine andere Wirklichkeit, um sich irgendwie festzuhalten und Schutz zu finden. Viele Prostituierte zweifeln ernsthaft an Gott und fragen sich, ob es ihn überhaupt gibt. Auch ich habe mich schon für Sekten interessiert, aber meine Angst war zu gross, mich näher darauf einzulassen. Zu rasch wird man nach dieser Art Religion süchtig, tauscht also bloss die eine Sucht gegen eine andere ein.

Natürlich droht im Milieu ohnehin die ständige Suchtgefahr. Mich hätte die Tablettensucht ein halbes Jahr lang beinahe untergekriegt; Ritalin zum Aufpeitschen und Seresta zum Beruhigen waren in dieser Zeit meine täglichen Begleiter. Vor anderen Drogen wie Kokain oder Heroin hatte ich aber zu viel Respekt, da ist man zu schnell hoffnungslos drin.

Ich kannte auch in meinem Umfeld kein grosses Drogenproblem; nur eine meiner Kolleginnen war Alkoholikerin, die anderen rauchten bloss hie und da einen Joint. Natürlich spreche ich hier nicht vom Drogenstrich, der liegt in einem ganz anderen Umfeld. Drogenprostituierte schaffen an, um an Drogen zu kommen – ein elendes Leben.

Nach unserem ersten Treffen mit Joachim Scharwächter erinnerte ich mich erstmals seit langem wieder an meinen ersten, völlig überraschenden Kontakt mit einem deutschen Zuhälter. Einmal besuchte ich mit meinem Ex-Mann einen Kollegen namens Peter in Frankfurt. Wir verbrachten dort einen total fröhlichen Abend, assen gemütlich Znacht und plauderten ungezwungen, vor allem mit der Frau des Gastgebers fand ich auf Anhieb einen guten Draht.

Später, so gegen elf Uhr nachts, tauchten plötzlich sechs aufgemotzte Frauen eine nach der anderen in der Wohnung auf und verschwanden sofort mit dem Gastgeber im Badezimmer. Ich bekam überhaupt nicht mit, was da eigentlich ablief ... Wahrscheinlich war ich total naiv, aber ich brauchte lange, bis ich merkte, dass wir bei einem waschechten Zuhälter zu Gast waren, der gerade seine abendlichen Einnahmen kassierte. Was mich allerdings noch viel mehr erstaunte, war, dass auch seine Frau völlig ungehemmt von dem Geld lebte, das andere Frauen mühsam verdienten.

Erst viel später realisierte ich, dass auch ich – trotz aller gegenteiligen Beteuerungen – einen Zuhälter hatte: meinen eigenen Mann! Von seinen heute 54 Jahren hat er bloss vier selber gearbeitet. Klar, er zwang mich nie zum Arbeiten und schlug mich nie. Warum auch! Ich tat es ja freiwillig, war stolz, wenn er sich auf meine Kosten das tollste Auto oder die besten Kleider leisten konnte. Wir hatten unsere klare Abmachung: Er durfte mich nie zwingen, sonst wäre zwischen uns alles aus.

Dennoch zeigte ich ihn zweimal wegen Zuhälterei an. Das erste Mal belieferte ich ihn im Knast sogar mit Vorhängen und Teppichen, damit er es gemütlich hatte, und er schrieb mir sehr liebe Briefe. Erst später fand ich heraus, dass diese eigentlich für die Augen des Gerichts abgefasst waren und nicht für mich.

Mit meiner Anzeige war ich aber den anderen Möchtegern-Zuhältern ein gewaltiger Dorn im Auge. Ich bot ihren Laufpferdchen ein übles Vorbild. Sehr bald erhielt ich deshalb die ersten Drohungen, sie würden mich zur Strafe für mein schlechtes Beispiel mit Salzsäure oder Messern entstellen. Derartige Drohungen sind sehr ernst zu nehmen, und mir war gar nicht mehr wohl in meiner Haut. Ich liess mich ständig von zwei anderen Prostituierten begleiten. Während dieser Zeit wohnten sie sogar bei mir.

Eines Tages, ich hatte bereits eine Fangschaltung an meinem Telefon anbringen lassen, rief mich eine unbekannte Zürcher Prostituierte an und schilderte mir detailliert, wie die anderen Zuhälter einen Türken organisiert hätten, um mich um die Ecke zu bringen. Irgendwie konnte die Polizei diesen Anruf lokalisieren, und ich weiss nicht genau, was dann passierte, jedenfalls konnten sie auf Grund der Anhaltspunkte die betreffenden Zuhälter festnehmen.

Nach zwei Jahren Gefängnis kehrte mein damaliger Mann zu mir zurück, bis ich ihn 1991 ein zweites Mal anzeigte. Ich hatte ihn mittellos aus dem Haus gestellt, weil er mich ununterbrochen belog und betrog, und als er deshalb noch bei mir einbrach, rief ich kurzerhand wieder die Polizei. Zu einer Anzeige wegen Zuhälterei kam es dann allerdings nicht mehr. Das Gesetz war soeben geändert worden, «Zuhälterei» war nicht mehr strafbar. Ein Sittenpolizist vertraute mir an, dass mein Ex-Mann der letzte Zuhälter gewesen sei, den sie «hereingenommen» hätten und damit zugleich der Erste, den sie nicht mehr verurteilen konnten. Auf innigstes Betteln meines Ex-Mannes zog ich schliesslich auch die zweite Anzeige, jene wegen Einbruchs, zurück. Sonst wäre seine Freundschaft mit einer reichen Frau in die

Brüche gegangen. Soll er also bloss nie behaupten, ich hätte ihm übel gewollt! Nun ja, ein wenig war es natürlich auch Eigennutz. Sonst hätte ich ihn ja wieder am Hals gehabt, und mir war lieber, dass die andere ihn hatte.

Soweit meine bisherigen Kontakte mit Zuhältern. Mir kann man sagen, was man will. Ein Zuhälter, der Frauen für sich anschaffen lässt, muss skrupellos sein. Er kassiert zwar gerne beinahe 100 Prozent der Einnahmen – aber wo bleibt er, wenn eine Frau Probleme mit einem Freier kriegt? Das Einzige, was er tut, ist seinen Standplatz schützen. Damit die Frau aber auch ohne seine ständige Aufsicht anschaffen geht, muss er sie von sich abhängig machen: mit Angst einflössen und Schlägen einerseits und mit Versprechungen andererseits. Er muss bloss die richtige Dosierung von Gewalt und Liebe anwenden.

Wohl niemand wird es mir verargen, wenn ich meine Erlebnisse mit Zuhältern rasch wieder weit hinten zu den Erinnerungen packe. Insofern kann ich auch verstehen, dass Joachim Scharwächter seine Vergangenheit wegsteckt und sein heutiges Leben mit seinen jetzigen Aufgaben in Angriff nimmt. Denn das macht er wirklich toll!

Weisse Westen und schmutzige Spiele

Von scheinheiligen Saubermännern

Was würden Sie sagen, wenn jemand Sie «du Nutte», «du Hure» oder «du Dirne» titulieren würde? Ganz klar: Sie wären verärgert oder beleidigt. Seit Jahrhunderten bezeichnen diese Namen nämlich nicht nur einen der ältesten Berufe der Menschheit, sondern drücken eindeutige Verachtung aus und zählen zu den ganz üblen Schimpfworten. Das englische «son of a bitch» ist wohl eine der unverzeihlichsten Schmähungen, die man einem Mann anhängen kann. «Politiker» dagegen heisst eine Person, die sich aktiv mit der Politik eines Landes befasst – nicht mehr und nicht weniger. Einen Mitmenschen «du Politiker» zu schimpfen, käme wohl niemandem in den Sinn.

Und das ist völlig ungerecht! Bedeutet es etwa, dass Politiker die besseren, moralisch korrekteren Menschen sind? Ist denn Prostitution moralisch verwerflich?

Philipp Balzer von der Arbeits- und Forschungsstelle für Ethik an der Universität Zürich beruhigt: «Ich persönlich plädiere für den liberalen Standpunkt, wonach der Handel mit Sex genauso wenig moralisch verwerflich ist wie andere Dienstleistungen.» Natürlich setzt er dabei voraus, dass es sich um «sound prostitution» handelt. Die «gesunde Prostitution» ist jene, die eine erwachsene Frau – oder ein erwachsener Mann – aus freiem Willen zum eigenen finanziellen Nutzen treibt. Davon ausgeschlossen sind alle Formen der erzwungenen Prostitution oder die Prostitution von Minderjährigen.

Allerdings schränkt er ein, dass die Prostitution an sich in der Moralphilosophie umstritten ist. Anhänger der traditionellen katholischen Sexualethik beispielsweise halten Sex nur dann für moralisch zulässig, wenn er innerhalb der Ehe stattfindet und der Fortpflanzung dient. Auch viele Feministinnen lehnen die Prostitution ab, weil sie finden, sie laufe auf die Erniedrigung oder Unterdrückung von Frauen hinaus. Wieder andere argumentieren, dass moralisch zulässiger Sex mit Liebe und Intimität verbunden sein muss.

Balzer persönlich vertritt dagegen die Meinung, dass Prostitution etwas Wertvolles sein kann. «Befriedigender Sex in Verbindung mit Liebe und Intimität mag wertvoller sein als anonymer Sex gegen Geld», räumt er ein. Daraus folgt aber durchaus nicht, dass Sex gegen Geld unter allen Umständen schlecht oder wertlos ist. «Dass frische Ravioli besser schmecken als Dosenravioli, heisst auch nicht, dass es keinen guten Grund gibt, Dosenravioli zu essen, wenn nichts anderes im Haus ist.» Ein sehr bildhafter Vergleich – aber durchaus überzeugend. «Genauso gut kann anonymer Sex mit Prostituierten für manche, deren sexuelle Bedürfnisse sonst unbefriedigt wären, wertvoll sein – obwohl er weniger wertvoll ist als jener Sex, der zwischen Romeo und Julia stattfindet.»

Andererseits findet Balzer es auch nicht verwerflich, wenn ein hoher Politiker ebendiese Dienste in Anspruch nimmt. «Auch Politiker haben ein moralisches Recht auf sexuelle Selbstbestimmung», sagt er. Sofern die legitimen Interessen seines Landes daduch nicht beeinträchtigt werden, soll der Politiker gleich beurteilt werden wie der Durchschnittsmann. «Wenn es nicht verwerflich ist, dass Herr Schulze zu einer Prostituierten geht, ist es schwer einzusehen, warum wir einen Politiker verurteilen sollten, der dasselbe tut.» Im Gegenteil: Bei ihnen, die während der Woche oder zumindest während der Sessionen von ihren Frauen getrennt wohnen, sei die Verlockung eher noch grösser.

Auch die Geschichte scheint das zu bestätigen. Seit jeher gingen Politik und Prostitution Hand in Hand. Schon König Salomo hatte nebst seinen 700 Frauen mindestens 300 Konkubinen, und Alexander der Grosse führte bei all seinen Kriegszügen nebst Hunderten von griechischen Hetären und persischen Flötenspielerinnen immer die athenische Hetäre Thais mit sich. Der ausschweifende Kaiser Nero liess sich gar öffentlich auf dem Marsfeld von allen Prostituierten Roms und ausländischen Flötenspielerinnen bedienen. Im elften Jahrhundert genoss Wilhelm, der neunte Herzog von Aquitanien, den zweifelhaften Ruf als «Goliath der Prostitution». Wäre er nicht gescheitert, hätte er am liebsten Hurenhäuser nach dem Modell von Abteien eingerichtet – der Frauenliebhaber verführte nämlich vorzugsweise Nonnen in ihren Klöstern. Ende des 14. Jahrhunderts feierten Karl VI und sein Bruder Ludwig, Herzog von Orléans, ausschweifende Maskenfeste, die in wilden Orgien mit Prostituierten endeten. Und auch die italienischen Kirchenoberhäupter liessen sich nicht lumpen: Papst Alexander IV wurde als Mann «unerschöpflicher Sinnlichkeit» angesehen und zeugte mit einer seiner Mätressen fünf Kinder – alle mit Namen Borgia; Sohn Cesare und Tochter Lucrezia wurden durch ihre Schändlichkeiten noch berühmter als ihr Vater.

Die Ausschweifungen der Herrscher liessen sich schier endlos fortsetzen, und bis heute sind Staatsmänner nicht vor käuflicher Lust gefeit ... Wie Wolfram Bickerich im «Spiegel

Special» über Liebe* schreibt: «Auch Politiker, Leute wie wir, nur bekannter, brauchen Ventile zur Stressabfuhr; und dabei mag manchmal der Trieb statt der Vernunft walten.» Wenn die Bundestagsoberen abends ein Loch im Terminkalender haben, dann «huscht manch Schatten suchend durchs Regierungsviertel». Franz Josef Strauss beispielsweise liess 1964 seine Brieftasche bei einer New Yorker Nutte liegen und kam «mit glucksender Bewunderung» davon.

Auch Politiker anderer Länder gehen mit Erotik bisweilen locker um. «Der frühere italienische Aussenminister Gianni de Michelis bietet seine Erfahrungen und Amouren in einem Führer durchs Nachtleben feil», so Bickerich. Und weiter: «Ganz Griechenland durfte Anteil nehmen an der Spannweite des Busenwunders Mimi und ihrer Daueraffäre mit Andreas Papandreou. Selbst im nassen England wirken die Sexualmethoden der Kabinettsmitglieder, ob homo, bi oder hetero, gegenüber dem Rheinland skurril bis aufregend. In den prüden USA werden Präsidentschaftsbewerber wie Gary Hart mit eindrucksvollen Blondinen öffentlich auf die Probe gestellt.» Ganz zu schweigen von Präsident Bill Clintons erotischen Seitensprüngen, die allerdings nicht mit einer Prostituierten stattfanden und ihn bei seinen politischen Gegnern zwar anfechtbar, bei seinen Anhängern dafür umso populärer machten.

Zu Rita Dolders Enthüllungen über die Schweizer Politiker (siehe zweiter Teil dieses Kapitels) äussert sich Philipp Balzer als Ethiker zurückhaltend: «Es gehört nicht zu den Aufgaben von Moralphilosophen, den moralischen Zeige-

* Spiegel Special, «Liebe. Ein Gefühl wird erforscht», Nr. 5/1995

finger gegen konkrete Individuen zu erheben.» Lehrmeinungen sind ihm diesbezüglich keine bekannt. Soviel ist für ihn allerdings klar: «Frau Dolder schildert sexuelle Praktiken, die im Allgemeinen für pervers gehalten werden.» Er geht noch weiter: «Neben der Nekrophilie (Sex mit Toten), Sodomie (Sex mit Tieren) und Pädophilie (Sex mit Kindern) würde ich koprophilen (mit Ausscheidungen) und sadomasochistischen (Schmerzen zufügen oder Schmerzen dulden) Sex sogar zum Kernbestand der sexuellen Perversionen zählen.»

Aber Perversionen sind nicht an sich moralisch verwerflich, mögen sie uns noch so unangenehm berühren. Sozialethiker Philipp Balzer versucht, die schwierige Abgrenzung auf einen verständlichen Nenner zu bringen: «Ein wichtiger Gesichtspunkt bei der moralischen Beurteilung einer Handlung ist die Frage, ob jemand dadurch einen Schaden erleidet.» Sexuelle Handlungen, die niemanden schädigen, hält er nicht für moralisch verwerflich, auch wenn sie pervers, abstossend oder ekelerregend sind. «Nehmen wir zum Beispiel einen Fetischisten, der Damenunterwäsche kauft und sich damit im stillen Kämmerlein auf Touren bringt. Viele halten das für pervers. Aber warum sollte er moralisch dazu verpflichtet sein, dies zu unterlassen?»

Damit schliesst Balzer nicht aus, dass einige perverse sexuelle Handlungen zugleich moralisch verwerflich sind, nämlich unter anderem jene, die nicht nur pervers sind, sondern auch jemandem einen Schaden zufügen. Das gilt zum Beispiel für die Pädophilie. Umgekehrt gibt es sexuelle Handlungen, die nicht pervers, aber dennoch moralisch verwerflich sind, zum Beispiel Vergewaltigung. «Perverser Sex und moralisch verwerflicher Sex sind also nicht dasselbe», folgert

Philipp Balzer. «Im Übrigen ist unklar, wie man den Begriff der Perversion genau bestimmen soll. Einige Autoren verzichten aus diesem Grund ganz auf den Begriff.»

Balzer möchte auch nicht von vornherein ausschliessen, dass jemand, der im Bordell seine perversen Vorlieben befriedigt, ein guter Politiker sein kann: «Unter bestimmten Umständen könnte es sogar im Interesse eines Landes sein, dass ein solch skrupelloser Politiker an der Spitze steht.» Allerdings ist dies im Allgemeinen doch nicht wahrscheinlich. Absolut geheim halten kann der Politiker sein Treiben nämlich kaum, es besteht immer ein gewisses Risiko, dass die Geschichte unter grosser Schlagzeile samt Foto an die Öffentlichkeit kommt. Wenn ausserdem ans Licht käme, dass er perversen – oder wie in diesem Fall sehr perversen – Sex bevorzugt, würde wahrscheinlich sein Ansehen und womöglich das des ganzen Landes beeinträchtigt.

Und selbst wenn die Angelegenheit nicht publik wird, besteht ständig die Gefahr, dass eines Tages doch jemand davon erfährt und dem Politiker mit öffentlicher Entlarvung droht. Er geht also das Risiko ein, erpressbar zu sein. «Sofern die Interessen eines Landes eine moralische Grösse sind, scheint es mir vorteilhafter, wenn solche Politiker nicht in der vordersten Reihe stehen», fasst Balzer zusammen. Er schränkt aber ein, das seien ziemlich allgemeine Überlegungen. Ob sie im Einzelfall stichhaltig seien, hänge von den Details der jeweiligen Situation ab: «Ich behaupte also nicht, dass es hinreichende Gründe gibt, die von Frau Dolder beschriebenen Politiker für amtsuntauglich zu halten.»

Ausserdem hält es der Ethiker für wünschenswert, dass Politiker und andere Prominente öffentlich dazu stehen, wenn sie zu Prostituierten gehen: «Das würde sicher dazu beitragen, der ungerechtfertigten Diskriminierung und sozialen Ächtung von Prostituierten entgegenzuwirken.» Allerdings findet er es nachvollziehbar, wenn ein Politiker seine perversen Vorlieben verheimlicht. Solange breite Kreise unserer Gesellschaft Perversionen – auch moralisch neutrale – für verdammenswürdig halten, sei der Politiker «auf absolute Diskretion angewiesen, falls er die nächste Wahl überstehen will». Genau das macht ihn erpressungsanfällig.

Und wieder grenzt Balzer klar ab: «Bei Politikern müsste man also im Einzelfall ihr Recht auf sexuelle Selbstbestimmung gegen die Interessen des Landes abwägen.» Denn wenn sie auch nicht moralisch verwerflich handeln, kann dennoch ihre spezielle sexuelle Betätigung mit den Anforderungen eines politischen Amtes kollidieren. Ansonsten hält es Balzer nicht für moralisch verwerflich, wenn ein Politiker – oder sonst jemand – seine perversen sexuellen Vorlieben bei Prostituierten befriedigt. Denn die Testfrage «Hat es jemandem geschadet?» muss in den meisten Fällen der Prostitution verneint werden. Der Bundesrat hat seine Befriedigung erhalten, die Prostituierte ihr Geld.

Bleibt noch die Frage, ob der Bundesrat sich mit seinen Praktiken selber einen körperlichen oder seelischen Schaden zugefügt hat. Und wenn ja: Wie weit darf sich jemand selber Schaden zufügen, wie weit sich verletzen lassen, beispielsweise ein Masochist? «Ich denke, dass der Masochist sich tatsächlich einen Schaden zufügen lässt», so Philipp Balzers Meinung. Moralisch fragwürdig scheint ihm dabei, dass Unterwerfung und Erniedrigung bei SM-Praktiken erotisiert werden, und weniger der Aspekt der Selbstschädigung. «Raucher schädigen sich auch – aber deswegen ist

Rauchen nichts moralisch Schlechtes.» Eine Lehrmeinung existiert allerdings auch hierüber nicht. Die einen vertreten die Ansicht, dass jeder mit seinem Körper machen kann, was er will, ihn nach eigenem Gutdünken pflegen oder verstümmeln darf. Die anderen argumentieren, der Körper sei genau genommen nicht jemandes Eigentum, sondern bloss eine Leihgabe, zu der man Sorge tragen müsse, die man nicht einfach «verkaufen» könne.

Doch diese philosophische Diskussion berührt die Prostituierten letztlich wenig. Sie plädieren für das Recht, mit ihrem Körper zu tun, was sie wollen, und argumentieren, sie würden ihren Körper gar nicht verkaufen, sondern nur zeitlich limitiert zu einem vorher abgemachten Zweck zur Verfügung stellen. Viel mehr zu schaffen macht ihnen dagegen die Doppelmoral der Gesellschaft.

Auch Ethiker Igor Primoratz von der Hebräischen Universität hat sich über diesen «double standard» Gedanken gemacht: «Unsere Gesellschaftsmoral ist moralisch auch suspekt, da sie manchmal moralische Unterschiede macht, wo solche Unterschiede nicht gemacht werden sollten. Prostitution ist ein derartiger Punkt. Geschichtlich ist ihre Verdammung eng mit dem doppelten Massstab verbunden: Eine Gesellschaftsmoral, welche Prostitution verdammt, verdammt auch die Prostituierte, aber nicht ihren Kunden, obschon beide notwendigerweise und gleichermassen an der geächteten Handlung teilnehmen.» So schreibt Primoratz in der Enzyklopädie der angewandten Ethik. Daher darf sich der Politiker mit unserer Billigung unberührt aus der Affäre ziehen, und der Makel bleibt weiterhin an der Prostituierten hängen.

Primoratz nennt klare Beweise für die Doppelmoral: «Nicht nur das herkömmliche moralische Urteil über die Prostitution, sondern auch die Gesetzgebung und der Gesetzesvollzug in der Praxis zeigen diesen doppelten Massstab an.» Seit Jahrhunderten werden also Prostituierte vom Gesetz nicht gleich behandelt wie ihre Kunden. Vom sozialen Ansehen gar nicht zu sprechen. «Eine andere moralisch unakzeptierbare Diskriminierung, welche für die Gesellschaftsmoral typisch ist, hat mit der untergeordneten sozialen und ökonomischen Struktur dieser Tätigkeit zu tun», schreibt Igor Primoratz weiter. «Sozialhistoriker der Prostitution haben festgestellt, dass deren herkömmliche moralische Verdammung beträchtlich unterscheide zwischen einer hochbezahlten Kurtisane oder einem Call-Girl und der niedrigrangigen Prostituierten, und im Allgemeinen gelte, ‹je höher der Preis, desto geringfügiger das Stigma›.» Demnach würde also eine gut bezahlte Edelprostituierte moralisch besser handeln als eine schlecht bezahlte Strassenprostituierte, obschon beide die gleiche Arbeit verrichten? Eine seltsame Messlatte.

Nur mit ebendiesem doppelten Massstab ist nämlich auch möglich, dass «Hure» weiterhin ein Schimpfwort bleibt und «Politiker» weiterhin keines ist. Wo kämen wir auch hin, wenn diese Kategorien plötzlich durcheinander gebracht würden!

Ritas Enthüllungen

Voilà, liebe Leserinnen und Leser: Eine Illusion werde ich Ihnen nicht zerstören und deshalb noch ein wenig über die Doppelmoral der Politiker erzählen. Darauf warten schliesslich alle. Allerdings möchte ich festhalten, dass ich meine

Enthüllungen nicht mache, um gewisse Voyeure zufrieden zu stellen.

Vielmehr hoffe ich, endlich die betreffenden Herren aufzurütteln, damit sie sich offiziell für die Besserstellung der Prostituierten einsetzen. Es genügt nicht, wenn sie uns bloss mit Freiersgeld unterstützen, die Prostituierten brauchen Gesetze, die sie schützen und sie gleich behandeln wie andere Dienstleistungsanbieter. Wir schreiben schon bald das Jahr 2000, und da sollten die Hexenverfolgungen endlich ein Ende haben. Bitte behandelt uns wie reale, menschliche Wesen und nicht wie Hexen, aber auch nicht wie Flaschengeister. Ich werde den Eindruck nicht los, dass wir – husch – da sein sollten, wenn ihr uns braucht, und dann – husch – auf Fingerschnippen wieder weg. Ich verspreche: Sobald sich die Umstände für die Prostituierten verbessern, werde ich nie mehr über Sex und Politik reden.

Namen kann ich nach wie vor keine nennen. Ja, es handelt sich um einen bürgerlichen Bundesrat, der noch lebt. Um einen, der sich nicht geschämt hat, in einer Fernsehumfrage über Prostitution kaltschnäuzig in die Kamera zu lügen: Nein, er habe ein gesundes Familienleben und habe es nicht nötig, solche Dienste in Anspruch zu nehmen. «Wer das nötig hat, tut mir leid», behauptete er sogar eiskalt. Tja, Herr Bundesrat, dann tun Sie mir leid. Sie benötigen nicht nur die Dienste einer Prostituierten ganz dringend – darauf komme ich noch –, sondern haben auch ziemlich Mühe mit der Wahrheit. Hoffentlich nehmen Sie es beim Ausüben Ihres Amtes genauer mit der Ehrlichkeit.

Jedenfalls richte ich meinen dringenden Appell an diesen Bundesrat sowie den Ständerat, den ich ebenfalls im ersten Buch schon erwähnte und hier wieder erwähnen werde. Wenn es jemand in der Hand hat, sich für eine soziale Akzeptanz unseres Berufes einzusetzen, dann sind es Herren wie diese beiden, deren Wort in der Öffentlichkeit zählt. Ich spreche absichtlich nicht jene vielen Politiker an, die unsere Dienste «ganz normal» in Anspruch nehmen, das heisst während der Session die Gelegenheit ergreifen und sich ein wenig «Blümchensex» gönnen. Die finden auch andere Frauen zur Erfüllung ihrer Wünsche.

Vielmehr meine ich jene hohen Herren, die derart ausgefallene und perverse Wünsche haben, dass sie diese niemals von einer anderen Frau erfüllt kriegen und daher unbedingt auf den Service einer professionellen Prostituierten angewiesen sind. Ihnen werfe ich klar eine unverzeihliche Doppelmoral vor, weil sie zulassen, dass gerade diese Dienstleistung, die sie so dringend benötigen, weiterhin ein gesetzliches Schattendasein fristet.

Zum Beispiel eben der Bundesrat, den ich in meinem ersten Buch «German» nannte. Seine «sexuellen Waldläufe», die in der Presse oft und gern erwähnt wurden, waren zwar so gesehen wirklich ganz lustig, aber bei weitem nicht das Bizarrste, was er je verlangte. Auf die Idee für dieses «Waldspiel» hatte mich übrigens ein sehr bekannter Walliser Weinhändler gebracht, der das für sich selbst herausgefunden hatte. Als ich mir eines Tages wiederum den Kopf zerbrach, was ich mit dem anspruchsvollen Bundesrat anstellen sollte, fand ich, dieses Spiel sei auch für ihn geeignet. Und er musste mir wohl oder übel gehorchen, da er ja mein Sklave war. Allerdings machte er sich nie gross Gedanken, welche Folgen das für ihn haben könnte. Dafür war er jeweils viel zu geil – wenigstens vorher.

Die Waldhetze, die uns durch den Egghölzliwald zwischen Muri und Gümligen führte – damals standen die vielen Wohnblöcke noch nicht da und der Wald war ziemlich ausgestorben –, war jedoch sehr abhängig von Wetter und Jahreszeit, dieses Spiel konnte ich nicht allzu oft treiben. Besonders weil German sehr fordernd war und immer wieder Abwechslung verlangte. Er liess sich wirklich nicht leicht zufrieden stellen. Er war beispielsweise der Einzige meiner «Sklaven», der beim Herkommen als der machtausübende, gut situierte Mann auftrat, der er ja auch war. Erst nach dem Ausziehen verwandelte er sich in meinen Untergebenen.

Aber auch während der «Behandlung» musste ich immer auf der Hut sein und ihn auf einem bestimmten Grad von Erregung halten. War er guter Laune, hatte ich leichtes Spiel, war er schlecht gelaunt, musste ich mir wahnsinnig Mühe geben. Dann konnte er – anders als andere SM-Freier – plötzlich mittendrin aufstehen und losbrüllen, dann kehrte er unvermittelt den Vorgesetzten mit einem Hang zum Sadismus hervor. Mit der Zeit wurde mir das zu viel. Seine Unausgeglichenheit verstärkte sich von Jahr zu Jahr, bei Vollmond war er völlig schräg drauf. Als National- und später als Ständerat besuchte er mich pro Session drei- bis fünfmal wöchentlich, da hielten sich seine Launen in Grenzen; als er dann Bundesrat wurde, wurden die Besuche etwas seltener und er kam etwa noch einmal alle zwei bis drei Monate – dafür wurden seine Launen immer unangenehmer. Zudem stiessen mich sein abfälliges, abschätziges Benehmen zusammen mit dem Anspruch, mich zu besitzen, mehr und mehr ab.

Selbstverständlich wollte der spätere Herr Bundesrat, der doch immerhin ein gutes Mass an politischer Verantwortung trägt, immer ohne Gummi. Am liebsten mit der ganzen Welt ohne Gummi! Natürlich lehnte ich konsequent ab. Er hat mir das einmal so erklärt: Sein Traum wäre eine Weltkugel mit Loch, in das er seinen Schwanz reinstecken und so mit der ganzen Welt vögeln könnte.

Einmal organisierte ich ihm eine andere Prostituierte. Er betrachtete sie abschätzig und schüttelte dann bloss den Kopf – gerade so, als ob er eine Kuh vor dem Kauf begutachtet hätte. Bei seinen ausschweifenden Besuchen musste ich ihm jeweils jede Stunde wieder eine andere Frau organisieren, manchmal drei, vier nacheinander, die er der Reihe nach durchtestete. Für zweihundert Franken durfte er sie dann zehn Minuten lang vögeln, während ich, seine Meisterin, daneben stand, auf die Uhr schaute und scharf darauf achtete, dass er zu keinem Orgasmus gelangte. Denn so wäre die «Session» zu schnell beendet gewesen und damit der Geldsegen. Deshalb beobachtete ich ihn ganz genau, ich kannte ja die Anzeichen eines baldigen Höhepunktes, und wenn er beinahe so weit war, brach ich die Übung ab, notfalls bereits nach fünf Minuten. Das klappte problemlos, denn da er am liebsten auf dem Rücken lag und die Frau auf ihm, konnte sie schnell absteigen. Dann überreichte ich der Prostituierten ihr Geld, schickte sie nach Hause und machte weiter mit German, der sich inzwischen wieder ein wenig abgekühlt hatte. Nach einer Stunde verlangte German die nächste, und das Spiel ging wieder von vorne los. Ein einträgliches Geschäft, und das für mehrere Gespielinnen.

In den vier Stunden seiner Spezialbehandlung blätterte German jeweils 600 bis 800 Franken für die drei oder vier anderen Frauen hin und weitere satte 2 000 Franken für

«Domina Rita». Das liess ich mir gerne gefallen. Was ich jedoch gar nicht ertrug, war, dass er mich zunehmend erniedrigen wollte. Deshalb lehnte ich strikte ab, mich von ihm anpieseln zu lassen. Das gibt es einfach nicht, dass ein Freier eine Prostituierte schlägt oder anpisst. Einzelne Dominas bieten das zwar an, dafür haben sie dann aber eine Zofe, die in der untersten Schublade des Sexgewerbes rangiert. Ich finde das absolut daneben, solche Mätzchen liess ich nicht zu.

Der Bundesrat konnte jedoch nicht akzeptieren, wenn ich ihm die gewünschten Perversionen nicht bieten wollte, und provozierte mich hartnäckig, indem er mir immer wieder vorschwärmte, was ihm andere Prostituierte in Nidwalden oder im Kanton Tessin alles geboten hätten. «Du musst besser sein als alle andern!» Das war einer seiner Lieblingssätze, wahrscheinlich nicht nur bei mir. So motiviert er wohl auch seine Mitarbeiter im Bundeshaus, um an sein Ziel zu gelangen.

Jedenfalls erzählte er mir stolz, dass bei ihm das Motto «Zucht und Ordnung» waltet, «Disziplin» war sein Lieblingswort. Ich habe das Gefühl, dass er sich an seiner dominanten Art selber aufgeilte. Frauen, die früher in seinem Büro arbeiteten, erzählten jedenfalls nichts Angenehmes über die Arbeit bei ihm. Allerdings war die Büroarbeit wahrscheinlich immer noch erträglicherer als jene Dienste, die ich ihm organisieren musste.

Noch heute wird mir übel, wenn ich mich daran erinnere: Die Urinspiele – auch Natursekt-Trinken genannt –, die ich im ersten Buch beschrieben habe, sind harmlos im Vergleich zu den Praktiken, die er jeweils mit einem befreundeten hohen Offizier ausübte. Dieser Offizier wurde in der Presse auch schon als «begnadeter Mischler» oder «geltungssüchtiger Selbstdarsteller» bezeichnet. Das kann ich nicht beurteilen, aber seine Selbstdarstellung in meinem damaligen Brunngasse-Salon war jedenfalls ausserordentlich unappetitlich. Wenn die beiden in spezieller Stimmung waren, veranstalteten sie nämlich ein Wettessen der besonderen Art.

Dazu servierte ich jedem von ihnen einen Teller, gefüllt mit «frischem Kaviar», d.h. mit Kacke – pardon für den Ausdruck, aber ein anderer eignet sich nicht –, und los ging's: Splitterfasernackt, aber wie es sich gehört mit Messer und Gabel, «verspeisten» sie ihr seltsames Mahl, und jeder versuchte, der Schnellere zu sein. Ich versuchte währenddessen, meine Gedanken auf etwas anderes zu konzentrieren und nicht zuzuhören, wie sie schmatzten ... Manchmal brachten sie einen, zwei weitere Freunde mit, die eifrig mitassen.

War das Wettessen beendet, hatten sich die Herren daran derart aufgegeilt, dass sie sofort zum zweiten Teil übergingen. Die anderen vergnügten sich mehr oder weniger konventionell mit Rosa, Martha oder Josephine, die ich eigens für sie organisiert hatte, derweil sich der Bundesrat – damals noch junger Ständerat – von mir Hoden und Brustwarzen mit Nadeln durchstechen und sich dann bis zum Höhepunkt auspeitschen liess. Das heisst, ich schlug ihn zuerst rhythmisch auf seinen «kleinen Schweizer», dann liess ich ihn vor dem Bett oder der Toilette oder einem Stuhl niederknien und klatschte ihm auf den Hintern, während er sich selber befriedigte. Dabei kam es immer darauf an, ob seine Frau gerade in den Ferien weilte oder nicht. War sie weg, konnte ich ihn mit einem kleinen Bambus-Teppichklopfer schlagen, wenn nicht, benutzte ich eine Fliegenklatsche, da diese keine Spuren hinterlässt.

Dieser Teil machte mir wiederum weniger aus. Bei Sadomaso-Spielen musste ich nicht viel von mir geben und erhielt gutes Geld dafür. Im Gegenteil, eigentlich konnte ich mich dabei so verhalten, wie ich mich fühlte, und musste nicht vorheucheln, sie seien tolle Typen. Dadurch, dass ich sie verachtete, wurde ich umso besser, doch das merkte keiner. Jeder gab sich gerne der Illusion hin, ich selber stände auf solche Praktiken. Die allergrösste Illusion verkaufen jedoch gerade Freier wie Bundesrat German nach aussen: Er lässt das Volk im Glauben, er habe eine saubere Weste!

Wenn ich ihn heute jeweils bei seinen Fernsehauftritten sehe, denke ich mir so Einiges ... Beim genaueren Beobachten sieht man, dass er falsche Augen hat. Mir gehen dann jeweils Bilder von unterhalb der Gürtellinie durch den Kopf, und ich sehe ihn nackt auf dem Bett oder sabbernd neben mir, auf dem Boden kniend, um Sex oder Urin bettelnd. Ein Bild von einem Monster schiebt sich zwischen das Fernsehbild und mich. Diese grossgekotzten Reden vom Herrn Bundesrat, der bei mir den dreckigen, von Freiern abgenutzten Teppich ableckte ... Ich höre seine Phrasen und sehe ihn vor mir, wie ich ihn im Salon erlebt habe.

Wenn ich seine Familie in den Medien sehe, frage ich mich, ob seine Frau ihm wohl auch befiehlt: «Zieh dich aus und lege dich nackt in die Badewanne!» und dann über ihn uriniert. Ob sie ihn wohl auch so begrüsst, wenn er nach Hause kommt? Mir jedenfalls erscheint ihr Gesicht todunglücklich. Und das Verrückte daran: Im Parlament wissen sicher zehn Personen über ihn Bescheid, einige von ihnen haben selber an diesen Partys teilgenommen. Ja, sie haben untereinander sogar damit angegeben!

Keiner der anderen war jedoch so dominant und hatte derartige Machtansprüche wie Bundesrat German und sein Parteikollege. Mir kam es oft vor, als wäre es ihm am liebsten, die Leute fingen sofort wie wild an zu klatschen, sobald er irgendwo auftaucht. «Ich bin Bundesrat, jeder kennt mich. Ich bin glaubwürdig», pflegte er grossspurig zu behaupten. Ja Pustekuchen! Und in diesem Ton weiter: «Eigentlich müsstest du froh und dankbar sein, dass eine Person wie du mich befriedigen darf. Du weisst, wer ich bin, also mach gefälligst, was ich dir sage. Bei der nächsten Session, du weisst es, am Abend um zehn Uhr, hast du bereit zu sein.»

Wenn ich dann vom normalen Fussvolk besetzt war, machte er mir eine waschechte Szene. Zweimal habe ich ihn regelrecht fortgejagt und ihm gesagt, dass es mir völlig egal sei, ob er Bundesrat wäre oder nicht, ich wolle ihn nicht mehr sehen: «Die Kasse muss stimmen, und von wem das Geld ist, interessiert mich nicht.» Ich hatte andere Kunden, die ebenso viel bezahlten, mich aber wenigstens als Mensch anständig behandelten. Solches Verhalten reizte ihn aber nur noch mehr.

German war als Freier nicht nur ein Masochist, sondern auch ein Sadist, der Regie führen und die andern erniedrigen wollte. Seine Anhänger im Bundeshaus beten ihn zwar an. Wer es nicht tut, hat bald nichts mehr zu melden. Als Reaktion auf den Selbstmord eines Industriellen aus Bern, bei dem viele Sexpartys gefeiert wurden, sagte er bloss zynisch: «Nun ist seine Frau ja endlich zu haben.» Das kann man nicht mehr mit «Abspalten» von einer sonst integren Persönlichkeit abtun, so viel kann man gar nicht abspalten. Dieses Verhalten ist Teil einer Person, die als hoher Politiker unser Land mitregiert.

Derselbe Zyniker fand derart Gefallen an seinen unappetitlichen «Banketten», dass er mich zu seiner fixen Prostituierten machen wollte. Das hätte bedeutet, ihm immer zur Verfügung zu stehen, ihn in andere Clubs zu begleiten, um dort womöglich noch dazuzulernen, besser zu werden – alles natürlich nur für ihn. Oder, noch unangenehmer, um an speziellen Fetisch-Shows dem schrägen Publikum zu zeigen, was wir so miteinander veranstalten.

Dieses Angebot lehnte ich strikt ab, wenn es auch lukrativ gewesen wäre. Es ging um meine Ehre. Als Prostituierte wollte ich wenigstens als Mensch gut behandelt werden. Er hingegen war ein grosses Schwein – genauer gesagt, er ist es immer noch. Wahrscheinlich haben jetzt andere Prostituierte das zweifelhafte Vergnügen.

Im Vergleich dazu ist Ständerat Roman geradezu harmlos. Die leichten Sadomaso-Spielchen wie die Urinspiele, die ich bereits erwähnte, waren nicht bizarrer als jene aller anderen Sadomaso-Freier. Klar, seine Nummer als Hund Waldeli, der im Treppenhaus Gassi geht oder in der Ecke seinen Knochen abnagt, ist völlig lächerlich. Aber eben, ausser der Tatsache, dass er Ständerat ist, auch nicht ungewöhnlicher als andere Freierwünsche. Ihm als Politiker werfe ich allerdings vor, dass er sich völlig anders gibt, als er ist. Eigentlich spricht er öffentlich klar gegen Sex, aber als er einmal die Chance sah, mit Sex Wählerstimmen zu gewinnen, votierte er plötzlich für ein Puff in seinem Dorf. Slogan: «Jede Weltstadt hat ein Bordell – also ist Fuchsdorf von heute an eine Weltstadt.»

Ansonsten bekundet er eher Mühe mit Sex, hatte noch nie eine Freundin und findet, Frauen seien «selber schuld, wenn sie im Minirock umherspazieren und dann vergewaltigt werden. Damit provozieren sie die Männer». Als ich ihm einen Freund vorstellen wollte und ihm vorher sagte, dieser sei schwul, geriet Roman in totale Panik und sagte, in diesem Fall könne er diesem Mann nicht die Hand zur Begrüssung geben, das ekle ihn.

Stattdessen rannte er jeden Sonntag in die Kirche – seiner Mutter zuliebe, selber glaubt er eigentlich nicht an Gott. Man stelle sich das vor: Er kann nicht einmal seiner Mutter gegenüber zu seiner Meinung stehen. Vielleicht um so weniger, weil er mit seinen 48 Jahren immer noch im selben Haus wohnt wie sie. Das ist ganz praktisch, so kann sie ihm immer noch den Haushalt führen und ihm im Winter Damenstrümpfe kaufen, damit er nicht friert.

Als die Mutter eines Tages ausrutschte, sich den Oberschenkel brach und ins Spital musste, war Roman total verloren. Er konnte sich nicht mal selber Kaffeewasser kochen und rief mich in seiner Verzweiflung jede Nacht mehrmals an. «Ich muss mir eine Frau suchen», sagte er in Panik, da er merkte, dass seine Mutter älter würde und nicht immer für ihn da sein könnte. Wie ein kleiner Junge – und das trotz seiner hohen Intelligenz und Bildung.

Dementsprechend redete er auch ausschliesslich Babysprache, wenn er bei mir war, und zwar während der Session wöchentlich, sonst ein- bis zweimal im Monat. Allerdings rief er mich ungefähr jeden zweiten Tag an und wollte Telefonsex – aber erst sobald seine Mutter schlief. Die beiden hatten einen gemeinsamen Telefonanschluss. Es kam mehrmals vor, dass der Herr Ständerat mitten im Gespräch plötzlich schweigen und das Licht löschen musste, weil er glaubte, seine Mutter sei erwacht.

Als Freier war er hingegen ziemlich einfach zu bedienen. Leichte Dominanz genügte, er wurde schon erregt, wenn ich ihn vor der Tür warten liess. Einmal stand er eine halbe Ewigkeit lang vor dem verschlossenen Haus, wartete und fürchtete gleichzeitig gewaltig, erkannt zu werden. Erst nach sechs Stunden kam ihm in den Sinn, dass ich in den Ferien war. Und so einer will einen Kanton repräsentieren!

Eines kreide ich Roman jedoch ganz besonders an: Derselbe Ständerat, der sofort für den Paragrafen stimmte, wonach Freiersgeld von der Prostituierten nicht einklagbar, weil sittenwidrig ist, hätte nur zu gerne von mir monatlich 5 000 Franken «Unterstützung» angenommen. Dass dieses Geld genauso «sittenwidrig» gewesen wäre, störte ihn kein bisschen. Für mich wäre dies aber keine freundschaftliche Unterstützung, sondern klar ein Zuhälterlohn gewesen. So klein ist der Schritt vom Politiker zum Zuhälter. Selbstverständlich zahlte ich nicht, aber noch heute bin ich entsetzt darüber, dass ein Politiker so hoch gebildet und gleichzeitig so weltfremd, naiv und ohne Manieren ist. Nun gut, zum Valentinstag schenkte er mir, wie es sich gehört, Blumen – gelbe Rosen, denn gelb ist die Farbe seiner Parteisektion.

Jedenfalls hatte er mir versprochen, nicht mehr zu kandidieren – und tat nun kund, er werde dennoch wieder antreten. Dann sollen die Wählerinnen und Wähler allerdings auch wissen, für wen sie stimmen! Im September 1996 liess nämlich derselbe Ständerat vor den Regierungsratswahlen verlauten, es sei von Vorteil, wenn seine Partei mit Kandidaten «ohne Kantonalbank-Schatten» antrete, und griff damit die erste Regierungsrätin seines Kantons harsch an. Wenn er konsequent ist, verzichtet er nun auch selber auf eine Kandidatur, denn für seine Leute sind bestimmt Kandidaten «ohne Prostitutions-Schatten» auch vorteilhafter ...

A propos Kantonalbank-Skandal hier noch ein brisantes Detail am Rande: Saubermann Roman war selber zutiefst verhängt in den Skandal, aber da er die richtigen Leute an höchster Stelle kennt, erhielt er sämtliche Akten mit Namen und allem Drum und Dran noch vor jeglicher Veröffentlichung zur Einsicht. Das ist an sich schlimm genug, aber es kommt noch schlimmer: Der Herr Ständerat vergass die Mappe mit den höchst geheimen und brisanten Unterlagen auf dem Weg zur Session im Zug und musste einen ganzen Tag lang dieser Aktentasche nachrennen – ein ganzer Tag, der von Steuergeldern bezahlt wurde. Ein Skandal ohnegleichen! Roman, wie kannst du bloss einen derartigen Tintenklecks im Reinheft vor deinen Wählerinnen und Wählern verstecken?

Wahrscheinlich ist es kein Zufall, dass gerade die FDP-Politiker auf speziellen Sex scharf sind. Bei ihnen stehen Macht und Geld im Vordergrund, also gute Voraussetzungen für SM, bei dem sie im Sex ihre devote Seite ausleben können und viel mehr Geld vonnöten ist als beim Blümchensex. Unter 600 Franken läuft nämlich nichts in Richtung Sadomaso, und die Orgien des Bundesrats und seines Parteikollegen dauerten manchmal bis zu sechs, sieben Stunden! Irgendwie wurden diese Stunden ja auch aus Steuergeldern bezahlt ...

Nach dem DOK-Film 1994 kam German sofort zu mir. Er lud mich zum Mittagessen ein, fragte mich, was ich weiterhin so im Sinn hätte und machte mir das Angebot, ein Haus oder eine Wohnung für mich – am liebsten im Ausland – zu kaufen. Dafür müsste ich ihm versprechen, seinen Namen nicht bekannt zu geben und unsere Bekanntschaft zu leugnen. Zusätzlich hätte ich auch monatlich eine gewisse Summe von ihm zugute, wenn ich ihm nur einen Vertrag unterschriebe. Ich hätte voll auf seine Kosten leben können – aber natürlich auch zu seiner Verfügung stehen müssen.

Das wollte ich nicht, auch wenn das Angebot finanziell verlockend gewesen wäre. Ich hätte mich damit zu seinem Spielzeug gemacht. Lieber mit weniger Geld, dafür unabhängig leben, sagte ich mir. Ich wollte ihn jedoch im Ungewissen lassen und bin weder auf das Angebot eingestiegen noch habe ich es abgelehnt.

Einer seiner Kollegen, ein anderer Freier aus dem Bundeshaus, erzählte mir, so nervös hätte er German noch nie gesehen. Zur gleichen Zeit lief nämlich noch ein politisches Verfahren gegen seinen Parteikollegen, den Offizier, der ebenfalls bei mir Freier war. Nun hatte der Bundesrat zwei grosse Probleme auf einmal: seinen Politkollegen, gegen den ein Verfahren lief, und eine Prostituierte, die nicht auf sein Schweigeverbot einsteigen wollte. Beide wussten so viel von ihm, dass es ihn den Kragen hätte kosten können.

Ich habe nie etwas unterschrieben und auch kein Schweigegeld angenommen. Heute bin ich in der Lage, mich vor jede Kamera zu stellen und zu sagen, was ich will. Niemand kann mir sagen: «Das darfst du nicht, ich habe dich gekauft, damit du schweigst.»

Umgekehrt habe ich auch nicht im Sinn, jemanden zu erpressen – jedenfalls nicht für Geld. Wenn ich mit Veröffentlichungen erreichen kann, dass die Prostituierten besser gestellt werden, ist mir dieses Mittel recht. Ansonsten war mir meine Freiheit stets kostbarer als Geld. Nun kann keiner kommen und behaupten, ich hätte Schweigegeld genommen. Ich habe nie Geld verlangt ausser für Sex oder gelegentliche Mahlzeiten. Immer wieder rechneten mir Politiker vor, wieviel ich an ihnen verdient hätte, um mich so zum Schweigen zu bringen. Aber eine Prostituierte hat keine Schweigepflicht.

Trotz allem fühlen sich die hohen Politiker immer noch viel zu sicher. Sie sind an der Macht und meinen, mir glaube sowieso niemand: «Solltest du je darüber reden, wird dir eh kein Mensch glauben, und ich werde alles abstreiten.» Und tatsächlich: In den Medien haben sie schamlos gelogen, abgestritten und vom Thema abgelenkt: «Zu einer Prostituierten geht nur das niedrige Fussvolk, jene, die es nötig haben.» Ich warte auf den Tag, an dem sich ein Politiker hinstellt und zugibt: «Ja, auch ich war einmal bei einer Prostituierten.» Oder dann müssten sie ein Communiqué herausgeben mit dem klaren Vermerk, dass dieser und jener bloss seinen Doppelgänger zu einer Prostituierten geschickt hat ...

Allerdings habe ich ja gar nicht im Sinn, über all die ganz normalen 0815-Freier aus dem Parlament zu reden. Sie waren fair und korrekt. Sie sind gekommen, haben bezahlt und sind wieder gegangen. Warum sollte ich mich über diese Freier beklagen oder sie denunzieren? Ihnen verdanke ich mein Geld. Und früher hatte ich etliche berufliche Kontakte mit andern Prominenten, mit Schauspielern, Fussballstars, Medienleuten und anderen.

1965 begegnete ich dem deutschen Schauspieler Thomas Fritsch, für den seinerzeit sämtliche Frauen schwärmten. Kam er doch plötzlich in der Neuengasse auf mich und meine Kollegin zu und begann mit uns zu schäkern. Ich war hingerissen und setzte mir sofort in den Kopf, den wolle ich als Freier. Dementsprechend gab ich mir alle Mühe, machte ihn nach Kräften an und wir lachten und redeten. Er wohnte damals im Hotel Savoy, nahm mich aber gar nicht hinein, und nach einer halben Stunde eröffnete er mir, es habe keinen Sinn, er könne mir nicht helfen – er stehe gar nicht auf Frauen ... Für mich brach eine Welt zusammen. Ein derart schöner Mann – und schwul! Heute bleiben mir solche Enttäuschungen erspart, heute weiss ich, dass viele der schönsten Männer schwul sind.

Ungefähr zur gleichen Zeit spielte die deutsche Fussball-Nati in der Schweiz. Eines Abends spazierte Sepp Maier – bekanntester deutscher Goalie, der damals für den FC Bayern spielte – mit einem Kollegen vorbei, sprach uns an, und wir verschwanden zu viert in einem Zimmer im Hotel Savoy. Das waren die härtesten Oberschenkel, die ich je in meinem Leben gespürt habe ... Nach kurzem Sex verbrachten wir die lustigste Nacht in Jahrzehnten, lachten und alberten stundenlang. Noch heute denke ich positiv an den Spass – und an die harten Oberschenkel. Die sind mir im Gedächtnis geblieben – im Gegensatz zum Sex.

Manches Jahr später hatte ich ein ähnlich amüsantes Erlebnis mit der schwedischen Fussball-Nationalmannschaft. Damals hatte ich meinen Salon an der Brunngasse, und sämtliche elf Spieler samt den drei Ersatzspielern belebten das Haus die ganze Nacht lang. Sie tappten treppauf, treppab in die Zimmer, der eine oder andere besuchte mindestens drei verschiedene Frauen. Einer tauchte gar nach drei Stunden wieder bei mir auf. Wahrscheinlich wusste er gar nicht mehr, wo er schon gewesen war! Das war ein heiteres Hin und Her. Auch das bleibt in meiner Erinnerung eine wirklich gute, schöne Nacht.

Alles in allem habe ich einige Prominente und Halbprominente als Kunden erlebt – aber nicht eine dieser Begegnungen war so negativ wie die Erlebnisse mit German und Roman. Ein Kameramann vom Fernsehen, ein ehemaliger Freier, brachte es einmal auf den Punkt: «Weisst du, Rita, eigentlich machen doch die Freier bloss Selbstbefriedigung an dir.» Dieser Satz hat sich mir eingeprägt – und er hat mir noch häufig geholfen. Beim 0815-Sex habe ich mich oft einfach nur so hingelegt und mir dabei überlegt, was ich noch einkaufen muss.

«Man bumst dich jetzt nicht richtig, Rita, du spürst gar nichts», pflegte ich mir jeweils zu sagen und glitt in eine Art Nebenwelt, in der mich nichts mehr berührte.

Aber wenn ich mir überlege, wie die obgenannten hohen Politiker sich vornedurch ihrer sauberen Weste rühmen, während ich doch genau weiss, was im Geheimen abläuft – dann berührt mich das nach wie vor. Dann verzweifle ich noch heute schier und versuche alles, um solcher Scheinheiligkeit einen Riegel zu schieben.

Ein kleiner, lustiger Nachtrag: Als ich in Arbon einen Vortrag hielt, erklärte mir ein Biobauer, er habe auf seinem Waldstück einen Parcours abgesteckt, falls der Bundesrat wieder einmal einen Nacktlauf veranstalten möchte. Und er habe fidele Schweine, falls German Lust habe, auf einer Sau über den Parcours zu reiten ... – Wäre doch was, oder?

Salonfähig von einem Tag auf den andern?

Vom Rotlicht ins Rampenlicht

Wie rasch Menschen doch ihre Ansicht ändern können! Eben erst wollte niemand etwas mit der Prostituierten Rita Dolder zu tun haben, und schon wenig später ist sie eine begehrte Frau, die auf die weichen Polster diverser Talkshow-Sofas gebeten und gehätschelt wird. Wie kommt das? Ist Aschenputtel plötzlich salonfähig geworden? Klar, heute betreibt sie einen eigenen Salon. Doch daran kann es nicht liegen, ein Blick in das Bedeutungswörterbuch bestätigt das. «Salonfähig» heisst nicht, dass jemand fähig ist, einen Salon zu führen, sondern «den Normen der Gesellschaft zum Beispiel in Bezug auf angemessene Kleidung, korrektes Benehmen» entspricht oder aber «so beschaffen» ist, «dass er in einer bestimmten Gruppe akzeptiert wird.»

Nun gut, angemessen gekleidet war Rita schon immer (ja, auch während der Arbeit im Salon, denn dort ist eine entsprechende Entkleidung angemessen), hat sich auch immer mehr oder weniger korrekt benommen; aber, jetzt kommt es: Ihre Arbeit ist nicht so beschaffen, dass sie in einer bestimmten Gruppe akzeptiert wird. Genauer gesagt: Ihre frühere Arbeit wird von unserer ganzen Gesellschaft nicht akzeptiert. Einen wildfremden Nackten anfassen, ihn erregen und ihn dann sogar an sich heranlassen – pfui!

«Völlige Hingabe zur Unzucht», so lautet denn auch die Erklärung für Prostitution im «Dictionnaire de l'Académie Fran-çaise» in der Auflage von 1835. Es versteht sich von selbst, dass sich die Unzucht vor allem auf die Frauen beschränkt und die Männer ihnen wehrlos zum Opfer gefallen sind. Das liederliche Weib, das den strammen Mann mit seiner Geschlechtlichkeit überlistet, oder wieder einmal eine durchtriebene Eva, die den armen Adam verführt.

Seit den Anfängen der Geschichte gehört die Prostitution zu jeder Gesellschaft und lässt sich in drei Formen einteilen: die gastliche Prostitution, die heilige oder religiöse Prostitution und schliesslich die legale Prostitution*. Die eine Form entwickelte sich aus der anderen. Aus der wilden Prostitution, der körperlichen Hingabe für ein Stück Wildbret als Lohn, wurde mit zunehmender Zivilisation die gastliche Prostitution. Der Gast, welcher bei allen alten Völkern freudig als Glücksbringer und gutes Zeichen geehrt wurde, musste gut behandelt und betreut werden – von der Frau des Hauses, die sich für ihre Bemühungen ganz gern mit einem «Mitbringsel» belohnen liess.

Ziemlich gleichzeitig entstand die religiöse Prostitution. Auch die Götter mussten regelmässig günstig gestimmt werden, allen voran die Fruchtbarkeitsgötter. Mit der Zeit ging die Prostitution notgedrungen von der Religion auch in die Sitten und Gesetze der Völker über: Die legale Prostitution entstand. Die Position dieses Standes war jedoch keineswegs gesichert, das Ansehen der Prostituierten schwankte je nach herrschender Gesellschaft von völliger Akzeptanz bis zu totaler Verachtung – von Männern und Frauen gleichermassen.

---

* Pierre Dufour, «Weltgeschichte der Prostitution von den Anfängen bis zum Beginn des 20. Jh.», Eichborn, 1998

Heute geht besonders durch die Reihen der Feministinnen ein lautstarker Protest, wenn das Wort Prostitution fällt: «Welche Scheusslichkeit, schon wieder eine Unterwerfung der Frau, die dem Mann zu Diensten sein muss!» Wieder hat also das traditionelle Recht zugeschlagen, das dem Mann Zugang und Macht über den Körper der Frau gewährt! Sibyl Schwarzenbach, Philosophieprofessorin an der City University of New York, ist dieser Frage nachgegangen. «Geschichtlich wurde dieses Recht durch verschiedene Argumente und Mythen gerechtfertigt, wobei der mächtigste Mythos vielleicht jener war, dass Männer einen natürlichen und unkontrollierbaren Sexualtrieb hätten, der für die Gesellschaft gefährlich wäre, sofern er nicht erkannt und befriedigt werde», schreibt sie in einer Abhandlung über die feministische Sicht der Prostitution.

Ein kurzer Blick auf die soziale und politische Geschichte der westlichen Zivilisation bestätige, dass Männer überliefertermassen ein «Sex-Recht» genossen hätten, stellt Professorin Schwarzenbach fest und erläutert die Feststellung mit dem Beispiel des römischen Paterfamilias. Dieser war nach dem römischen Recht der Eigentümer seiner Frau, seiner Kinder und Sklaven und konnte mit ihnen tun, was er wollte, das Gesetz schützte sie nicht einmal vor Körperverletzungen oder Totschlag.

Sogar im England des 18. Jahrhunderts, bis tief ins 19. Jahrhundert, galt unter dem Prinzip der «Einheit der Person», dass verheiratete Frauen weder sich scheiden lassen noch eigenen Besitz halten durften. Unter diesem Grundsatz, der auch im amerikanischen Recht galt, gehörte sogar der Lohn, den Frauen in Fabriken oder bei anderen ausserhäuslichen Arbeiten verdienten, rechtlich ihren Ehemännern. Und in Deutschland durfte der Ehemann gar bis 1957 nach eigenem Gutdünken den Arbeitsvertrag seiner Frau auflösen! Dass er ein Recht auf geschlechtlichen Zugriff besass, war für die Herren Richter selbstverständlich. Noch 1967 wurde eine Frau vom Bundesgerichtshof dazu verdonnert, den ehelichen Beischlaf gefälligst nicht nur teilnahmslos oder gar widerwillig über sich ergehen zu lassen, sondern bitte schön Zuneigung und Opferbereitschaft zu zeigen.

Überhaupt gleicht die Geschichte der Prostitution insgesamt stark der Geschichte der Frau im Allgemeinen. In beiden Fällen handelt es sich um eine Geschichte der Unterdrückung. Seit Urzeiten jagt nämlich die Frau als sexuelles Wesen dem Mann Angst ein. Neunmal soviel Begehren wie der Mann trage eine Frau in sich, überliefert beispielsweise der Islam. Wie rasch könnte sich ein Mann da als Versager vorkommen! Deshalb hat sich das starke Geschlecht im Lauf der Jahrhunderte einiges einfallen lassen, damit die Frauen nicht übermächtig werden. Männer sperrten Frauen ein, verschleierten sie, hielten sie unwissend, beschnitten und steinigten sie.

110 Millionen Frauen leiden heute noch laut Schätzungen von Amnesty International an den Folgen der pharaonischen Beschneidung, bei der den kleinen Mädchen oft unter primitivsten Umständen die Klitoris und je nach Stammestradition die inneren oder auch die äusseren Schamlippen abgeschnitten werden. Die Wundränder werden bis auf eine winzige Öffnung zugenäht, so dass die verstümmelten Frauen, wenn sie nicht schon an ihrem Menstruationsblut sterben, später beim Geschlechtsverkehr und bei den Geburten unsägliche Qualen erleiden.

Von Saudiarabien bis Afghanistan werden nach fundamentalistischem Recht nach wie vor Ehebrecherinnen gesteinigt, und Frauen, die ihre Jungfräulichkeit vor der Hochzeitsnacht verlieren, werden kurzerhand eingemauert.

Dem Mann ist bis heute in etlichen Kulturen gestattet, sich mehrere Frauen zu halten. In den Harems und Serails von Persien bis ins Osmanische Reich lebten bis anfangs dieses Jahrhunderts nicht selten Hunderte von Haremsdamen, der Harem des Sultans von Konstaninopel soll gar tausend Frauen beherbergt haben. Ein enormes Privatbordell ...

In anderen Zeiten wurde die Frau zum Lust- und Zuchtobjekt degradiert. Im Faschismus und unter dem deutschen Naziregime mutierten die Frauen zu Gebärmaschinen, die einzig der Produktion arischer Sprösslinge dienten. Diese Reduktion der weiblichen Sexualität auf die Fortpflanzung haben wir bis heute nicht überwunden. Immer noch zählt in weiten Kreisen die Frau als Flittchen, wenn sie mit mehreren Männern sexuellen Kontakt pflegt oder ihren Trieb allzu offenkundig auslebt, während für den Mann ein ununterdrückbarer Trieb als Entschuldigung hinhaut. Wie war das noch einmal mit dem neunmal grösseren Begehren?

Trotz all diesen Tatsachen ist Sibyl Schwarzenbach nicht einverstanden mit der feministischen Forderung, der Prostitution müsse sofort ein Riegel geschoben werden. Sie geht davon aus, dass die Frauen ganz genau wissen, was sie mit ihrem Körper tun wollen und was nicht. Sie verkaufen ihren Körper ohnehin nicht, gewähren zum Beispiel einem Freier keineswegs das Recht, ihren Körper zu verstümmeln. «Die Prostituierte gewährt ihrem Kunden lediglich einen genau umschriebenen ‹Gebrauch› ihres Körpers für eine sehr beschränkte Zeitperiode.» Ein klarer Verkauf von Arbeitskraft – mit der Besonderheit, dass die Arbeit sich nicht vom Körper trennen lässt.

Für Schwarzenbach kein Hinderungsgrund. «Nehmen wir an, ich wäre eine Tänzerin. Dann könnte mein Körper nicht von meinem Tanz getrennt werden», argumentiert sie. Die Leute, die ihren Tanz ansehen wollen, sehen auch ihren Körper an, da das Produkt ihres Körpers nicht vom Körper losgelöst betrachtet werden kann. Der einzige Unterschied, räumt sie ein, liegt in der körperlichen Distanz, welche in der Prostitution aufgehoben ist. Ansonsten, findet sie, gibt es keinen rechtlichen Unterschied zwischen der Tänzerin und der Prostituierten – einzig einen gesellschaftlichen.

Dieser Unterschied besteht allerdings noch nicht sehr lange. Noch vor hundert Jahren wurden Tänzerinnen auch gleich als Huren abgestempelt und als nicht salonfähig erklärt. «Nicht eine ‹natürliche› Beziehung zwischen einer Frau und ihrem Körper, sondern eine kulturell konstruierte Norm der weiblichen Persönlichkeit» erkennt Sibyl Schwarzenbach in dieser Haltung. «Das gesellschaftliche Konstrukt der Viktorianischen Frau begrenzte die ganze weibliche Persönlichkeit auf ihre Rolle als Ehefrau und Mutter.» Da dieses Prinzip durch Frauen, die auf der Bühne standen und etwas anderes demonstrierten, verletzt wurde, folgerte die Gesellschaft kurzerhand, dass umgekehrt durch ihre Bühnenauftritte auch gleich die Persönlichkeit der Frauen verletzt würde.

Schwarzenbach ruft deshalb die heutigen Prostituierten zum mutigen Kampf gegen die «gesellschaftliche Meinung» auf: «Bestimmt wurde zumindest ein Teil der Veränderung (der Gesellschaft) durch die Taten zahlreicher besonderer

Frauen gebracht, welche sich ganz einfach weigerten, sich aufgrund ihres öffentlichen Tanzens oder Auftretens als ‹Nutte› oder ‹Hure› bezeichnen zu lassen.» Und was die Tänzerinnen und Schauspielerinnen erreicht hätten, ermutigt Schwarzenbach, könnten mit der Zeit auch Prostituierte hinkriegen: gesellschaftliche Akzeptanz.

Denn, warum sollte eine volljährige Frau, die im vollen Bewusstsein und in voller Absicht «beschränkte Nutzung» ihres Körpers verkauft, damit etwas Unrechtes tun? Das Argument, dass viele schon den Gedanken abstossend finden, Männer an intime Bereiche heranzulassen, lässt Sibyl Schwarzenbach nicht gelten. «Viele Tätigkeiten rufen zumindest zu Beginn allgemeine Empfindungen von Abstossen hervor: innere Organe, die unter dem Metzgermesser hervorquellen, die Kälte und der Geruch eines Kadavers beim Abdecker, das Aufschneiden menschlichen Fleisches durch den Chirurgen.» Sofern niemand gezwungen werde, das eine oder andere auszuüben, sei aber gegen alle diese Tätigkeiten gleich viel oder gleich wenig einzuwenden.

Und doch werden gerade in den USA viele abstossende, gefährliche und ungesunde Berufe (zum Beispiel Metzger, Chirurg, Bodyguard oder Soldat) gesellschaftlich und rechtlich akzeptiert, während Prostitution ausser in Nevada nach wie vor in allen Bundesstaaten illegal ist und damit kriminalisiert wird.

Aber eben: Männer und Frauen werden nach wie vor mit ungleich langen Ellen gemessen. Dementsprechend dürfte es noch eine Weile dauern, bis Prostituierte – mit und ohne Salon – wirklich salonfähig gesprochen werden.

Ritas Standpunkt

Es ist tatsächlich noch nicht so lange her, dass die allermeisten Bekannten mich baten, in der Öffentlichkeit doch bitte diskret zwei, drei Schritte hinter ihnen zu gehen. Wer wollte sich schon mit einer Hure im Schlepptau sehen lassen, die erst noch ziemlich vielen wichtigen Männern bekannt war? Und nach dem DOK-Film und dem ersten Buch hätte ich erwartet, dass sich dieses Verhalten noch verstärken würde. Jetzt wussten ja noch viel mehr Leute über mich Bescheid.

Das Gegenteil war allerdings der Fall, die Reaktionen der Allgemeinheit überraschten mich völlig. Plötzlich war ich jemand. Sich mit mir zu zeigen war nicht mehr peinlich, sondern sogar ganz spannend. Immerhin war ich regelmässig im Fernsehen zu Gast, und sämtliche deutschsprachigen Zeitungen hatten in irgendeiner Form über mich und das Buch geschrieben. Ich wurde eine Art Berühmtheit nach all den Jahren der Geheimnistuerei. Dadurch veränderte sich mein soziales Leben krass, heute stehen fast alle zu mir, und manchmal finden sogar mit Männern Begegnungen auf gleicher Ebene statt – abgesehen davon, dass sich der Mann eh auf einer höheren Stufe wähnt. Daran hat sich nichts geändert, aber wenigstens komme ich jetzt nur ein bisschen darunter und nicht sehr viel tiefer.

Auch jene, die vom Buch direkt betroffen waren, also die Politiker und all die anderen Männer, reagierten völlig anders, als ich erwartet hatte: Sie liessen nicht etwa still Gras über die Angelegenheit wachsen, sondern reagierten unverzüglich mit bösen Briefen. Einer schickte das Buch sogar dem Verlag zurück. Dieses Buch sei pfui, pfui ... Vor allem aber begann ein eifriges Rätselraten, das bis heute anhält, besonders nach jedem meiner Medienauftritte: Von wem spreche ich wohl? Die erste Frage der Journalisten lautet nach wie vor: «Nennen Sie jetzt die Namen?» Vielleicht haben sie die Antwort ja endlich im vorhergehenden Kapitel gefunden ...

Auf der anderen Seite habe ich viele rührende Reaktionen erfahren, gerade auf dem Land, wo ich wohne.

Einmal stieg ich in den Bus, als eine alte Bauersfrau zu mir kam und sagte: «Jetzt habe ich Sie soeben im Fernsehen gesehen, ich habe Ihr Buch gelesen und bin stolz, Sie zu kennen.» Solche Reaktionen berühren mich tief, viel mehr als überlegenes Verhalten von sogenannt aufgeklärten Städtern. Umso mehr, als ich mit einer solchen Reaktion auf dem Land nie gerechnet hätte.

Auf dem Land und in der Stadt werde ich oft auf der Strasse angesprochen, vor allem von Frauen. Zuerst schauen sie mich eine Weile genau an, dann kommen sie auf mich zu: «Ich kenne Sie doch, sind Sie nicht ... ». Dann prasseln die Fragen auf mich nieder. Meistens geht es um Sex, ihre Probleme zu Hause mit dem Mann und Ähnliches: Er sei ein Macho und insgesamt gar nicht imstande, eine Frau zu befriedigen. Oder er meckere den ganzen Tag bloss rum und erwarte, dass seine Frau ihn immer noch mit Lust und Laune im Bett erwarte.

Diese Frauen erhoffen dann auf der Stelle Auskunft und Rat von mir, aber es ist oft schwierig, so zwischen Tramtrittbrett und Trottoir Orgasmusprobleme oder Erotikfragen zu erörtern. Andere Frauen nehmen einfach konkret Stellung zu einer Passage in meinem ersten Buch oder tun mir ihre Meinung kund. Etliche haben mir beispielsweise gestanden, sie hätten keine Mühe damit, dass ihr Mann ins Puff gehe, solange er keine Geliebte habe.

Nebst den spontanen Reaktionen der Frauen wirken die Fragen vieler Männer ziemlich seltsam. Ein Kunde, der zu wenig Geld dabei hatte und mir seinen Ring als Depot gab, wollte sofort wissen, ob ich jetzt darüber schreiben würde. So etwas interessiert doch keinen! Und ein Zuhälter, den ich in meinem ersten Buch erwähnte, kam sogar extra mit einem Kollegen vorbei, umarmte mich und gratulierte mir, dass ich über ihn geschrieben hätte. Ich fragte ihn, ob ihm das gefallen habe. «Ja, natürlich», strahlte er. Sein Kollege meinte sogar, er wäre glücklich, wenn ich ihn im nächsten Buch ebenfalls mit Namen erwähnen würde.

Auch etliche Geschäftsleute klopfen selbstbewusste Sprüche, etwa: «Gell, wenn ich nun bei dir etwas ganz Verrücktes anstelle, schreibst du auch darüber? Aber bitte mit Namen und Adresse!» Sie fühlen sich ja soo sicher – und glauben gar allen Ernstes, das sei doch für sie eine prima Gratiswerbung ...

Ich habe immer gesagt, wenn der Mann geil ist, dann vergisst er alles. Er kann über Leichen gehen, um zu erreichen, was er gerne möchte.

Woher diese Sicherheit und dieses Vertrauen zu mir? Zu mir kann ein Mann doch gar kein Vertrauen mehr haben. Ich begreife das nicht. Manchmal habe ich auch Mühe zu verstehen, dass Kunden, die das Buch gelesen haben, sich glücklich schätzen, mich zu kennen. Ich an ihrer Stelle würde mich schämen. Sie hingegen benehmen sich, als ginge es nicht um sie in dem Buch, sondern wieder mal nur um die andern. Deshalb wohl sind sie umso stolzer, mich zu kennen, weil sie anders sind als jene, die ich im Buch erwähnte. Ach je, auch wieder so eine Illusion ... Jedenfalls fand ich mich plötzlich in der Rolle der Prominenten wieder.

Ein Mann, Direktor einer grossen Fabrik, bot mir nach meinen Medienauftritten sogar an, frühzeitig in Pension zu gehen, um mit mir im Ausland das Leben zu geniessen.

Je mehr ich mit den Medien zu tun hatte, um so mutiger und selbstbewusster wurde ich. Und je mehr ich schimpfte, desto häufiger kamen die Männer zu mir. Sie kamen in meinen Salon, um zu reden. Nachher verschwanden sie mit einer der Frauen im Zimmer und konnten dann überall weitererzählen, sie hätten nun Rita Dolder kennen gelernt. Eigentlich hätte ich eher gedacht, nach diesem Buch könne ich den Laden dicht machen, zu mir wage sich garantiert keiner mehr. Das Gegenteil war der Fall. Zeitweise höre ich abends alle Viertelstunden ein Auto anhalten und jemanden ums Haus schleichen – diese Neugierigen verlässt dann allerdings der Mut noch vor der Eingangstür.

Mittlerweile werde ich auch zu privaten Diskussionsrunden eingeladen, in denen Apotheker, Ärzte, Psychologen und Professoren sitzen, also Leute, die mich vor fünf Jahren zwanzig Meter hinter sich gehen liessen. Damals hätten sie mich ohne Wimpernzucken im Strassengraben verrecken lassen, heute hofieren sie mich nach Strich und Faden. Wenn ich sie darauf anspreche, antworten sie erstaunt: «Ja, das ist doch nicht das Gleiche, heute sind Sie schliesslich bekannt.» Diese Haltung stinkt mir ganz grässlich – und schmeichelt mir zugegebenermassen trotzdem!

Vor einem Fernsehauftritt in der «Arena» zum Thema «Sex und Politik» wurde ich von andern Medienleuten gewarnt:

«Geh nicht hin, man wird dich verarschen, oder man gibt dir keine Gelegenheit, dich zu äussern.» Ich wollte aber diese Herausforderung annehmen und sagte zu. Kurz vor der Sendung rief mich die Redaktion an und bat mich ohne weitere Begründung, eine Stunde später als vereinbart zu kommen. Im Nachhinein erfuhr ich, dass man befürchtete, die Politiker würden davonlaufen, wenn sie mich zu früh sähen.

Da ich aber von Natur aus überpünktlich bin, kam ich eine Stunde zu früh. Zusammen mit meiner Freundin sah ich die andern Gäste einen nach dem andern eintrudeln. Sie schauten mich nicht mit dem Hintern an und versuchten mir auszuweichen, so gut sie nur konnten. Die Stimmung war sehr angespannt und nervös, kurz: auf dem Tiefpunkt. Keiner wusste, was ich als Ex-Prostituierte in einer Politikersendung suchte. Es war das erste und letzte Mal, dass ich in einer Sendung kein eigenes Mikrophon erhielt. Sie trauten mir nicht, und keiner wusste, was sie sich mit mir eingehandelt hatten. «Sie müssen damit rechnen, dass Sie eventuell gar nicht zu Wort kommen», warf mir Moderator Filippo Leutenegger vor Sendebeginn noch schnell hin. Das war dann aber nicht der Fall: Ich konnte letztlich sogar mehr sagen, als ich erwartet hatte. Ich merkte allerdings, wie dem Moderator von der Regie mehrmals zugeflüstert wurde: «Keine Namen, bloss keine Namen!»

Dafür warnte mich Tierschützer Erich Gysling, mit meinem Pudel im Fernsehen sei ich ein Fall für den Tierschutz. Ich entgegnete ihm, falls der Tierschutz keine anderen Probleme habe, tue er mir leid.

Nach der Sendung kehrte sich das ganze Spiel total um: Der Tierschützer entschuldigte sich, der Moderator kam zu mir, ebenso einige Politiker und Prominente; alle schienen irgendwie erleichtert. Die Stimmung war gelöster. Jetzt sprachen sie mit mir, und ein prominenter Politologe gab sich sogar fürsorglich, halb beschwörend: «Gell, du weisst, was du tust, pass auf dich auf, auch in Zukunft ...» Später beim kalten Buffet wollten mich die Grünen gar für ihre Partei gewinnen. Ich lehnte dankend ab. Falls ich einmal politisch aktiv werden will, gründe ich lieber eine eigene Partei.

Nach dieser Sendung hatte ich mehr als sonst das Gefühl, die Leute seien richtiggehend erstaunt, dass eine Prostituierte auch denken und reden kann, und zwar nicht nur über diverse Stellungen beim Sex.

Einen andern Fernsehauftritt habe ich allerdings sehr negativ erlebt. Das war bei Roger Schawinski in Tele-Zürich. Ich hatte schon vorher ein ungutes Gefühl. Es gab kein Vorgespräch und man liess mich anderthalb Stunden lang warten, bis ich meinen Auftritt hatte. Im Aufenthaltsraum traf ich Nella Martinetti, die ebenfalls nervös auf ihren Live-Auftritt wartete. Sie erkannte mich sofort, war sehr freundlich und beneidete mich, dass mein Auftritt nicht live, sondern eine Aufzeichnung war. Sie gratulierte mir zu meinem Buch und erzählte, dass sie hier wäre, weil sie erklären sollte, warum sie einen so jungen Freund hätte. Wir haben die Adressen ausgetauscht, und sie hat mich eingeladen, einmal zu ihr nach Hause zu kommen.

Als ich dann an der Reihe war, ging es Schlag auf Schlag. Ich kam mir vor wie eine Pfeilscheibe. Roger Schawinski schoss eine Frage nach der andern ab, wie spitze Pfeile, ohne jeweils die ganze Antwort abzuwarten. Er verdrehte viele meiner Aussagen so, dass sie ihm in den Kram passten. Er wollte mich fertig machen, mich möglichst unglaubwürdig hinstellen, warf mir Männerfeindlichkeit vor und ritt dauernd auf den nichtgenannten Namen herum. Als ich ihm sagte, ich sei nicht hergekommen, nur um zu beweisen, dass in meinem Buch die Wahrheit stehe, liess er mich einen Moment Luft holen. Sofort ging es dann weiter. Er wollte nur, dass ich mich rechtfertige, und ich war die ganze Zeit damit beschäftigt, seine Pfeile abzuwehren. Ich kam überhaupt nie dazu, eine Antwort fertig zu formulieren. Am Schluss sagte mir die Sekretärin im Gang draussen: «Wissen Sie, schlimmer kann es nicht mehr werden. Jetzt sind Sie für alle kommenden Sendungen und Auftritte geeicht.»

Eines der tollsten Gespräche erlebte ich mit Matthias Lauterburg bei Tele-Bärn. Bereits vor der Aufnahme fragte er mich, was ich sagen würde, wenn er vor der Kamera behaupten würde, er habe noch nie für Sex bezahlt. Ich entgegnete ihm, dass ich ihm das nicht glaube und das auch vor der Kamera sagen würde. Genauso war es dann auch bei der Aufnahme, und Lauterburg sagte als Erstes, er habe mein Buch tatsächlich von A bis Z gelesen, und das heisse viel. Er müsse so viel lesen, dass er sonst nur jede zweite Seite eines Buches lese. Auch das darauf folgende Interview war dann viel menschlicher als bei Schawinski, das Gespräch verlief absolut offen und ehrlich, ohne aggressive Behauptungen. Ich kann es nicht ausstehen, wenn man mich in die Pfanne hauen will. Es ist verletzend und demütigend zu spüren, dass man als unglaubwürdig dargestellt wird.

Zum Glück ist mir das im Umgang mit den Medien selten passiert. Im Gegenteil: Ich habe die Journalisten meist als sehr angenehm erlebt, auch wenn sie teilweise äusserst kritisch eingestellt waren. Am Anfang kamen sie betont locker daher, doch mit der Zeit entstanden oft ernsthafte Gespräche und gute Begegnungen. Ein Journalist der Sonntags-Zeitung rief mich sogar an und sagte mir: «Ich würde Sie gerne aufs Glatteis führen und schaffe es nach diesem tollen Gespräch einfach nicht.» Im Allgemeinen sind die Journalistinnen etwas feinfühliger, im Gegensatz zu den Journalisten, die oft hart und direkt zur Sache kommen.

So habe ich auch meine Co-Autorin Claudia gefunden. Mit ihr hatte ich eines der allerersten Interviews und war noch ziemlich unerfahren. Sie hätte mich total in die Pfanne hauen können – und tat es nicht. Im Gegenteil, wir verbrachten einen höchst amüsanten Nachmittag, plauderten unbeschwert und lachten viel. Als ich dann jemanden für mein zweites Buch suchte, erinnerte ich mich an sie, fragte sie an und sie sagte spontan zu.

Übrigens muss ich an dieser Stelle Nationalrätin Verena Grendelmeier widersprechen. Sie behauptete seinerzeit in der «Arena», die Schweiz hätte die totale Pressefreiheit. Stimmt nicht! Ein Journalist, der die Namen der Politiker alleine herausfand, durfte nicht darüber schreiben, sonst hätte er seinen Job verloren. Die Pressefreiheit ist also weniger gross als in den USA, wo sämtliche Zeitungen alle Details über Bill Clinton enthüllten. Die Presseverlage in der Schweiz dagegen sind viel zu sehr verstrickt mit den Mächtigen, so dass sie sich die Enthüllung der Namen gar nicht leisten können. Von Freiheit ist da nicht viel zu spüren, und so lügen sich die Politiker selber etwas vor ...

Einzig Nationalrat Alexander Tschäppät stimmte mir zu, als ich die Pressefreiheit abstritt. Er war es auch, der öffentlich dazu stand, dass er die Frauen und das Leben liebe. Übrigens war diese Begegnung sehr lustig: Wir siezten uns die ganze Arena-Sendung lang, obschon wir uns von früher her kennen, als er noch mit Taxifahren sein Studium verdiente.

Dildos und Fingerspitzen

Sextoys gegen Langeweile

Lustig wackelt der kleine Gummipenis neben Plastikbrust-Briefbeschwerern auf dem Gestell und wartet auf einen Schlüssel, den er als Anhänger verzieren darf. Im Gestell nebenan halten Silikondildos, Vibratoren, Penisringe, Liebeskugeln, Brustwarzenklemmen und künstliche Vaginas in allen Formen und Farben Ausschau nach befriedigungswilliger Kundschaft. Im oberen Stock des Beate-Uhse-Shops stapeln sich Erotik-Medien. Pornofilme, CD-Roms und heisse Magazine mit vielsagenden Covers versprechen anregende Stunden – oder Minuten? – mit Bildern von «Heissen Mösen», «Anal total», «Sexgierigen Teenie-Girls I, II, III, IV, V und VI», «Geilen Spritzern» und «Scharfen Schwänzen».

Fünf Männer tappen zwischen den Gestellen hin und her, begutachten konzentriert die fantasievollen Titel und versuchen betont locker aufzutreten. Dennoch fühlen sie sich sichtlich unwohl, es irritiert sie, dass eine schwangere Frau mitten unter ihnen steht und ebenfalls interessiert die eindeutigen Bilder mustert. «Ja, die Hemmschwelle ist nach wie vor hoch für Männer, aber erst recht für Frauen», nickt der junge Verkäufer mit dem Kinnbart verständnisvoll.

Dennoch getrauen sich immer mehr neugierige Kundinnen in den Shop, einmal habe sich sogar eine 84-jährige Frau bei ihm einen Vibrator gekauft. «Eine total lässige Frau», schwärmt der Verkäufer. «Sie erzählte mir, sie sei noch nie in so einem Laden gewesen, und liess sich alles sehr interessiert erklären.» Die meisten seiner Kundinnen und Kunden sind allerdings zwischen 30 und 50 Jahre alt, «mittlerweile kommen schon etwa gleich viele Frauen wie Männer», und samstags kommen sie fast nur paarweise. «Sextoys sind von allen gleichermassen begehrt, die Männer kaufen allerdings etwas häufiger Medien, die Frauen kaufen eher Wäsche», weiss er. Die Wäsche ist im obersten Stock drapiert. Vom Spitzen-BH samt zugehörigen Strapsen bis zum nietenbeschlagenen Lederbody mit Kettengehänge und Brustwarzenloch bietet Beate Uhse alles an – zu nicht ganz bescheidenen Preisen.

«Ein sehr breites Sortiment», erklärt der Verkäufer stolz. «Die meisten anderen Sex-Shops bieten viel weniger an.» Allerdings gibt es inzwischen bereits zahllose Shops. 101 sind allein im Sexanzeiger «Swiss Sex-Kontakte» aufgelistet, und das sind nur jene aus der Deutschschweiz. Das Angebot ist nicht überall genau gleich. Bei ausgefallenen Toys, zum Beispiel für härtere SM-Spiele, kann der Beate-Uhse-Verkäufer nicht mehr dienen: «Dafür gibt es Kink-Stores und andere spezialisierte Läden.» Na ja, genau genommen findet sich auch hier bereits ziemlich ausgefallenes Spielzeug. Der Verkäufer blickt verständnislos: «Ausgefallen? Nein, alles was wir hier haben, wird gekauft – von ganz normalen Leuten.»

Auch die Pornos mit der osteoporotischen Oma, die sich sichtlich gequält von einem gorillaähnlichen Muskelprotz durchrütteln lässt, oder jene Videos mit haarigen Gruseltieren, die mit purpur glänzenden Krumm-Penissen und verzerrten Gesichtern rotpickelige Frauenpopos beglücken? Auch die knubbeligen Gummiüberzüge für die Zunge, die einen einzigartigen Leckspass versprechen? Und was ist mit jenen gemein aussehenden Brustwarzenklemmen samt daran baumelnden Gewichten? «Aber ja doch, alles Geschmacksfrage», nickt der Mann abgeklärt. «Und sanften SM macht doch heute jeder zweite – und jeder dritte steht sogar dazu.» Natürlich, und das ist wichtig, wandern ausschliesslich legale Produkte über die Theke: «Tiersex oder Kinderpornos sucht man hier vergeblich.»

Über den Umsatz der Beate-Uhse-Shops kann er nichts sagen, und der Schweizer Lizenznehmer Heinz Bleisch, der im NZZ-Folio* von einem 20-Millionen-Umsatz mit steigender Tendenz sprach, mag die Zahl nicht bestätigen, sondern lässt an die Hauptzentrale in Flensburg verweisen. Auch dort gibt man sich bedeckt: «Bekannteste» Erotikfirma oder «Marktleader» sind die einzigen Bemerkungen, die sich die zuständige Angestellte entlocken lässt. Und die Unternehmensbroschüre zeigt zwar exakt den Aufbau der Leitung und verrät, dass Frauen und Männer den Beate-Uhse-Katalog «zu 56 Prozent aus Neugierde» bestellen und dass «60,7 Prozent sich den Katalog zusammen mit ihrem Partner anschauen» – aber auch nur geringste Umsatzzahlen fehlen.

«Insgesamt ist der Anteil auf dem Schweizer Markt wohl ziemlich gross», vermutet aber mein begeisterter Beate-Uhse-Verkäufer aufs Geratewohl. Dann hat er keine Zeit mehr zum Erklären. Ein unzufriedener Kunde bringt seine monströse Silikon-Pussy zurück. «Sie geht nicht», reklamiert er. Der Verkäufer prüft, lässt sie probehalber vibrieren und protestiert: «Doch, klar, die funktioniert einwandfrei.» «Sie geht nicht, sie bringt mir nichts», beharrt der Kunde und blickt

* NZZ-Folio «Sexgeschäfte», Nr. 1, Januar 1999

finster in meine Richtung. Ich überlasse ihm das Feld und trete auf die Strasse hinaus, wo ich mich unversehens unter den leicht erstaunten Blicken von vorbeieilenden Geschäftsleuten wiederfinde. Kein Wunder, wagen sich nach wie vor viele Frauen nicht in ein derartiges Geschäft.

Frauen, die sich keinerlei Peinlichkeiten aussetzen mögen, wenn es sie nach Abwechslung gelüstet, halten sich daher besser an den Frauenerotik-Shop «clit care» an der Zürcher Klingenstrasse. Nicht Pornos und Vibratoren begrüssen die Kundschaft, sondern eine Ausstellung von wechselnden Künstlerinnen. Von dort aus kann frau immer noch entscheiden, ob sie sich lieber von einer der beiden Geschäftsinhaberinnen Monika Rein und Verena Keller im Nebenzimmer ein Tattoo verpassen lässt oder doch in der Erotik-Abteilung schnuppern will.

«Bei uns werden die Frauen nicht komisch angeguckt, wenn sie sich in der Pornoabteilung umschauen», versichert Monika Rein. Warum auch? Immerhin machen sie 90 Prozent der Kundschaft aus. «Und jene Männer, die – meist im Schlepptau ihrer Frauen und Freundinnen – zu uns kommen, verhalten sich respektvoller als die durchschnittlichen Erotikshop-Besucher.»

Erotik ist auch das Stichwort. Monika Rein und Verena Keller legen viel Wert auf Erotik und Sinnlichkeit. Mit seelenlosem Sex und Schmuddelfantasien haben sie nicht viel am Hut. «Wir achten auf gute Qualität, verkaufen entweder Eigenkreationen oder aber wirklich sorgfältig ausgearbeitete Ware.» Billige Massenware, wie beispielsweise jene Liebeskugeln, die nach dreimaligem Waschen unterm Wasserhahn bereits rosten, haben in ihrem Sortiment nichts verloren. Ebenso wenig Schmuddelpornos, welche die Frau zum hirnlosen Sexobjekt degradieren: Jene zwölf Pornofilme, die bei «clit care» verkauft werden, sind alle von guter Qualität, ästhetisch perfekt und von Frauen gedreht. Wichtigstes Kriterium für die Inhaberinnen: Das Sortiment muss die Sinne ansprechen – und zwar vor allem jene der Frau.

Zu diesem Zweck führen sie die «sinnliche Linie» – Duftöle, Honigstaub und aphrodisierende Cremen – und ihre Spezialität: Dildos in bunten Farben und vielfältigen Formen, die Verena Keller nach einem eigenhändig ausgetüftelten System selbst herstellt. Schon die Produktion ist eine höchst sinnliche Angelegenheit: Zuerst modelliert sie mit Ton eine Vorlage, dann giesst sie das Modell mit einer selbst gemixten Silikonmasse aus und lässt je nach Wunsch sogar kleine Objekte, etwa einen Schmuckstein, einfliessen. «Schon bei der Herstellung ein lustvolles Spiel mit Formen, Material und Farben», schwärmt sie. «Und das Ergebnis dieser Arbeit kann man sogar im Wohnzimmer als Kunstwerk aufstellen, ohne dass jemand merkt, was es ist.»

Wer auch bei Lederkleidung Wert auf das Spezielle, auf «Qualität mit Geist dahinter» achtet, kann sich bei Monika Rein ein Body Harness (eine Art Lederkettenhemd) oder einen Dildogürtel massschneidern lassen – alles Einzelstücke. «Je mehr wir von etwas produzieren, desto mehr geht die Seele verloren», erklärt sie. Um die Seele beizubehalten, beschränken die beiden ihr Sortiment und verzichten damit auf das grosse Geld. Seit zweieinhalb Jahren existiert der Laden, den sie nach holländischem Vorbild aufgebaut haben; seit einem Jahr können sie sich einen kleinen Lohn auszahlen. «Leben können wir nicht davon», sagt Monika Rein. Dafür haben sie viel Spass: «Manchmal machen wir Führungen mit ganzen Gruppen, zum Beispiel Schulklassen, die uns ungeniert alles fragen dürfen. Das gibt oft ein Gekicher!»

Viel Spass haben offenbar auch die Kundinnen mit diesem Produkten.

Aber die alte Volksweisheit «allzu viel ist ungesund» ist vielleicht auch hier angebracht. Steckt nicht eine gewisse Gefahr in diesem Sex-Spielzeug, die Gefahr, dass immer mehr, immer ausgefallenere Toys nötig werden und der Bezug zur Realität oder sogar zum Partner verloren geht?

Monika Rein sieht das unproblematisch: «Nein, das Benützen von erotischem Spielzeug schliesst gemeinsame Zärtlichkeiten nicht aus. Zudem können Frauen einen Dildo oder einen Vibrator prima einsetzen, um den eigenen Körper kennen zu lernen und ein wenig zu experimentieren.»

Ein Mitarbeiter in einem anderen Erotik-Shop – ein Shop, in dem hauptsächlich Männer verkehren – hat andere Erfahrungen gemacht: «Ich finde die Toys, aber noch mehr die Filme ziemlich gefährlich, denn sie gaukeln eine völlige Phantasiewelt vor, machen ziemlich rasch süchtig und lassen einen den Bezug zur Realität verlieren.» Er malt ein Bild von geilen Männern, die in ihren Träumen wild rudelbumsen oder es sogar mal mit der gewaltsamen Unterwerfung einer Frau versuchen. Mit Erotik hat das nicht mehr viel zu tun, geschweige denn mit Liebe.

Es muss aber nicht immer so ablaufen. Monika Rein von «clit care» schlägt vor, den Dildo oder den Vibrator auch mal beim zärtlichen Liebesspiel zu zweit einzusetzen, «als lustvolle Abwechslung oder erfrischende Ergänzung.»

Oder als erste Hilfe, wenn der echte Penis mal nicht von alleine fröhlich wippen will ...

Ritas Ratschlag

Ist das nicht verrückt: 2,5 Milliarden Franken werden allein in der Prostitution umgesetzt. 1,3 Milliarden Franken laut offiziellen Zahlen, und weitere 1,2 Milliarden laufen über den schwarzen Markt. Ausser den Chemiewerken gibt es kein Unternehmen mit ähnlichen Zahlen. So viel Umsatz in einem Gewerbe, das keines ist ... Und die Umsätze der übrigen Sexbranche lassen sich schon gar nicht mehr feststellen. Jedenfalls gibt es heutzutage unzählige Sexläden, die viel Spielzeug anbieten, mit dessen Hilfe Frauen ein befriedigenderes Sexleben haben könnten. Und immer mehr Frauen wagen sich nun auch in diese Shops. Dort müssen sie keine Angst vor Aids haben, keine Angst vor Enttäuschungen, und sie wissen, welches Vergnügen ihnen sicher ist, wenn sie selbst Hand an sich legen. Sex ohne Mann.

Bei Männern gilt Selbstbefriedigung als selbstverständlich, ja, es gehört schon beinahe zum guten Ton. Bei Frauen hingegen ist dieses Thema immer noch ein Tabu. Auch ihre Männer haben damit Mühe: «Sie hat das gar nicht nötig, sie hat ja mich.» Das heisst also: aufsitzen, rammeln wie ein Kaninchen, und frau schwebt dabei im siebten Himmel? Das kann es doch nicht gewesen sein! Trotzdem genieren sich immer noch viele Frauen, in der Öffentlichkeit zuzugeben, dass sie sich selber befriedigen.

Einige Männer dagegen onanieren sogar mehrmals am Tag. Das ist an sich nicht verwerflich. Allerdings kann Selbstbefriedigung im übertriebenen Mass die Gefahr mit sich bringen, dass der eigentliche Verkehr nicht mehr ausreichend erregend wirkt. Das Glied ist dann zu sehr an den Druck der Hände des Mannes gewöhnt, so dass die Hände der Frau oder ihre Scheide zu sanft sind, um es überhaupt noch genügend zu erregen. Nebst den normalen Selbstbefriedigern gibt's noch die ganz Perversen, die wir in der Branche «Chälblilutscher» nennen. Sie geben ihr Glied den Kälbern ins Maul und diese saugen daran, einem natürlichen Reflex folgend. Diese Männer haben kaum eine Chance mehr, auf andere Art zum Orgasmus zu kommen.

Natürlich gilt dasselbe auch für Frauen. Befriedigt sie sich regelmässig täglich oder sogar mehrmals täglich über längere Zeit selber, ist es für sie schwierig, sich wieder umzustellen. Ich meine das überhaupt nicht moralisierend, sondern es ist einfach eine Tatsache, dass sich Schwierigkeiten mit der eigenen Sexualität ergeben können, wenn die Selbstbefriedigung fast suchtmässig betrieben wird.

Echte Erotik heisst für mich spielen. Spiele spielen, die nicht geplant sind. Also nicht: Morgen punkt neunzehn Uhr veranstalten wir dieses und jenes. Vielmehr sollten Paare Überraschungen, Unerwartetes in ihr Sexualleben einbauen. Wenn die Frau zum Beispiel unter der Dusche steht, könnte sie ihn rufen und fragen, ob er sie einseift. Zuerst den Rücken, dann vorne den Bauch, bei den Brüsten und so weiter. Alles, was ins Zärtliche geht, ist Erotik. Man kann sich ja auch mal mit Rahm einschmieren oder Honig vom Bauchnabel runterlaufen lassen. Oder eben Sex-Spielzeuge wie Dildos oder Lederfesseln in das Liebesspiel einbauen.

Der Durchschnittsmann ist allerdings meistens höchst unerotisch. Er ist auf Sex pur ausgerichtet und möchte nebenbei natürlich bestätigt haben, dass er der Powerman ist. Frauen sind offener, lernfähiger für erotische Spiele und können besser darüber reden. Den Männern dagegen geht es auch 1999 immer noch hauptsächlich um ihren Schwanz. Immer und immer wieder dreht sich alles um seine Grösse und Leistungsfähigkeit. Das beweist der aktuelle Boom um die Viagra-Pille. Bemerkungen wie: «Wenn du einmal meinen Schwanz in dir gehabt hast, willst du nie mehr einen andern», sind leider nur allzu häufig. Was für eine unglaubliche Illusion! Dabei können die meisten Männer mit ihrem Penis nicht einmal richtig umgehen und benutzen ihn bloss zum absolut unerotischen Rein-raus-Rammeln.

Als mir ein Mann über Impotenz vorjammerte, antwortete ich ihm spontan: «Impotent bist du erst, wenn du deine Zunge, Lippen oder deine Finger nicht mehr hast.»

Aber alle die zahlreichen Aufklärungsbücher für Männer stossen auf taube Ohren. Aus diesem Grund versuche ich die Frauen anzusprechen und sie zu ermuntern, dass sie ohne Hemmungen zeigen, was sie gerne haben. Ich kann mir sehr gut vorstellen, dass das Überwindung braucht, aber wenn sie es nie probieren, haben sie auch keine Chance, auf ihre Rechnung zu kommen, und das wäre schade. Für viele Frauen ist Sex immer noch ein notwendiges Übel. Das muss nicht sein. Oft hilft es schon, wenn sie sich selbst befriedigen, damit sie wissen, wie ihr Körper reagiert. Warum nicht? Die Männer toben sich im Puff aus, und oft fällt danach der Spruch: «Jetzt muss ich auch noch das Obligatorische zu Hause schiessen ...»

Die Frauen müssen sich auf die Hinterbeine stellen, ihrer eigenen Sexualität nachspüren, sonst werden sie übergangen.

Ein kleines Beispiel: Ich bespreche dieses Thema oft mit einem gut befreundeten Ehepaar. Letzthin erklärte sie ihm geradeheraus, dass sie nur noch mit ihm ins Bett ginge, damit er nicht allzu oft im Puff verschwände. Sie persönlich fände bei ihm keine Befriedigung. Er entgegnete ihr ungerührt, sie hätte seit drei Tagen keinen Sex mehr gehabt und sehe wahrscheinlich deshalb so alt aus. – Mag sein, dass eine Frau strahlender aussieht, wenn sie Sex gehabt hat. Aber nur, wenn sie auch einen Orgasmus haben kann. Auf diese Idee ist er anscheinend nicht gekommen. Genau so wenig wie all die Freier auf die Idee kommen, dass ihre Frau zu Hause nur deshalb so wenig sexfreudig ist, weil er sich nicht die geringste Mühe macht, auch an ihre Befriedigung zu denken. Wie sollte eine Frau Spass haben, wenn ihr Mann sie hurtig bespringt, sich dann umdreht und zu schnarchen anfängt?

Es ist mir klar, dass Liebe alles viel komplizierter macht, und Frauen geraten nun mal schnell in Abhängigkeit, wenn sie lieben. Würde ich mich heute in einen Mann verlieben, mit dem ich es auch im Bett gut habe, hätte ich unheimlich Angst, in eine Abhängigkeit zu geraten. Immer wenn bisher Liebe im Spiel war, liess ich mich ausnutzen und machte alles, um den Mann zu behalten. Ich verstehe deshalb, dass immer mehr Frauen der Gefahr abhängig zu werden aus dem Weg gehen.

Bei Anruf Zärtlichkeit

Ein Mann für jede Frau

Name	Joey
Alter	31 Jahre
Gewicht	73 kg
Grösse	180 cm
Haarfarbe	dunkelblond
Haarlänge	lang/leicht gewellt über die Schultern
Haarstyle	offen oder Ponytail
Gesicht	glattrasiert/Drei-Tage-Bart
Augenfarbe	blau
Bodystyle	sportlich-muskulös
Hauttyp	hellbraun
Po	Chippendale-like
Sternzeichen	Löwe

So viel verrät «mein» Callboy im Internet* über sich – und zugleich so wenig. Was mich echt interessiert hätte, nämlich sein wirkliches Gesicht, seine Augen, bleibt verborgen. Ein erstes Telefongespräch erklärt alles: Er führt als Callboy ein zweites Leben, völlig geheim, und zumindest bis sich seine berufliche Zukunft entschieden hat, darf kein Mensch etwas erfahren. Trotzdem erklärt er sich zu einem Treffen bereit. «Aber meinen Namen erfährst du unter keinen Umständen.» Und: «Du musst auf mich zukommen, ich bin leicht zu erkennen.»

---

* http://ourworld.compuserve.com/homepages/call-a-boy

Damit gestaltet sich unser Interview fast wie ein Blind Date, ein erstes Kennenlern-Treffen, bei dem er sich an eine Ecke stellt und die Freierin auf sich zukommen lässt. «Ich biete den Frauen bewusst die Chance, unbemerkt wieder davonzuschleichen, wenn ich ihnen nicht gefalle oder sie plötzlich Angst vor ihrem eigenen Mut bekommen», erklärt er. Denn beim ersten Kontakt zeigt sich schon ein erster Unterschied zwischen männlichen und weiblichen Freiern: Sind Männer geladen, gehen sie kurzerhand ins nächste Puff, suchen sich eine der Prostituierten aus, die zwar tolle Titten oder knackige Beine hat, aber sonst durchaus dumpf sein darf – Hauptsache Frau und verfügbar.

Kundinnen gehen in Sachen käuflicher Liebe ganz anders vor. Dieses Angebot zu nutzen, ist für sie längst nicht so selbstverständlich wie für Männer, sondern kostet sie oft viel Überwindung. Und nachdem die Frau sich überwunden hat, muss der Callboy sie ständig in einer besonderen, abenteuerlichen Stimmung halten, sonst bricht sie das Experiment ab.

Zu gross sind die Vorbehalte sich selbst gegenüber: Eine Frau, die für Sex bezahlt? Völlig peinlich. «Auf keinen Fall», widerspricht Joey vehement. Im Gegenteil: «Eine riesige Marktlücke, sie ist bloss noch nicht bekannt.» Und er beantwortet die häufige Frage, die ihm Klientinnen immer wieder stellen, per Internet gleich selber: «Wieso soll ich Geld bezahlen, damit ich einen Seitensprung machen will? Das kann ich jederzeit gratis bekommen. – Das ist richtig. Nur, wer garantiert dir, dass der Mann auf deine Wünsche und Bedürfnisse eingeht? Bei einem Seitensprung schaut der Mann zuerst einmal auf sich selber und erst in zweiter Linie auf die Frau.

Zudem: Überlege dir einmal, wieso eine Frau einen Seitensprung macht. Nicht nur wegen dem Geschlechtsverkehr (den hat sie ‹zu Hause› auch), sondern meistens wegen der mangelnden Aufmerksamkeit und Zärtlichkeit. Zudem, wer garantiert dir, dass aus diesem ‹Nur›-Seitensprung nicht ein Problem werden kann? Der Mann verliebt sich plötzlich und möchte mehr von dir oder erzählt es Bekannten weiter und kann so deine Ehe/Freundschaft oder deinen guten Namen gefährden. Diese Risiken gibt es bei mir nicht.»

Auch die Begründung, warum er diesen Job macht, liefert er gleich vorab: «Wir leben in einer Konsumgesellschaft, in der alles käuflich geworden ist. Diese Tatsache haben sich die Männer schon früh zu Nutzen gemacht. Die Statistik besagt zum Beispiel, dass etwa 80 Prozent der Männer irgendeinmal in ihrem Leben zu einer Prostituierten gehen. Wieso soll nun den Frauen nicht die gleiche Möglichkeit geboten werden, ihre geheimen Wünsche und Bedürfnisse zu befriedigen? Zudem habe ich gewisse körperliche Voraussetzungen und Talente, die es mir erlauben, einer Frau etwas für ihr Geld zu bieten.» Aha. Darauf muss ich im Gespräch zurückkommen.

Donnerstag, 18 Uhr, vor dem Eingang des vereinbarten Restaurants. Ich versetze mich in die Lage einer Freierin, mache mich selbst ein wenig kribbelig. Seit ich den Internet-Steckbrief gelesen habe, versuche ich mir den Typ vorzustellen. Auf dem Weg zum Treffpunkt mustere ich sämtliche blonden, langhaarigen Männer: «Der da könnte es sein.» Und da steht er nun: gross, blond, blauäugig – wie beschrieben. Und trotzdem sieht er völlig anders aus, als ich ihn mir vorgestellt habe.

Nicht der knackige, sportliche Surfboy in legerem Outfit, den ich erwartet habe, steht da, sondern ein Typ in langem, schwarzem Mantel, mit goldenem Ohrring und Goldkette; eher eine Mischung aus Dandy und Computer-Programmierer als ein freakiger Sportler. Die langen blonden Haare sind nicht leicht gelockt, sondern schnittlauchartig über die Schultern drapiert und an den Seiten mit Haarspray fixiert.

Das Gesicht ist regelmässig; aber hätte ich mich tatsächlich auf ein bezahltes Techtelmechtel eingestellt, würde ich weitergehen und die Sache fallen lassen. Einen Seitensprung stelle ich mir anders vor, mit einem markanteren Gesichtsschnitt, einer kantigeren Kinnlinie, vielleicht gar neckischen Grübchen, einem erotischeren Mund und stärkeren Augenbrauen, irgendwas Ähnliches wie Brad Pitt vielleicht. Joey hat nichts von alledem, stattdessen ein regelmässiges, aber nicht «seitensprüngliches» Gesicht. Die Stimme dagegen ist live ebenso angenehm wie am Telefon, kultiviert und interessant.

Auch der erste Eindruck seines Äusseren wird sich im Verlaufe des Gesprächs noch zu seinen Gunsten wandeln. Das Gesicht ist nicht perfekt, wird aber immer sympathischer, ein Gesicht, das beim Sprechen mitlebt. Und im Nachhinein wird mir klar, dass dies für sein Geschäft auch vorteilhaft ist: Ein makelloser Kopf auf einem tollen Body – seine eigene Beschreibung, ich glaube ihm unbesehen – würde eine nicht ganz so makellose Freierin einschüchtern.

Alles in allem hat er irgendwie trotzdem Recht, wenn er von sich behauptet, er verkörpere den perfekten Seitensprung. «Mit meinem Outfit, meiner Art mich zu geben, finden mich die Frauen attraktiv für ein Abenteuer – aber mich als potentiellen Vater ihrer Kinder in Betracht ziehen? – Niemals!»

Wir suchen in einem Café einen Tisch und beginnen zu plaudern. Das Blind Date hat begonnen. Allerdings unter anderen Voraussetzungen, als Joey gewohnt ist. Normalerweise hält er den Gesprächsfaden straff in der Hand, vermeidet sorgfältig bestimmte Themen, am sorgfältigsten weicht er der Frage aus, warum er eigentlich diesen Job mache. «Wenn eine Frau das fragt, beginnt ihre Stimmung bereits zu bröckeln», weiss er aus Erfahrung. «Dann macht sie sich viel zu viele Gedanken darüber, was sie hier eigentlich tut.» Und wenn die Stimmung dahin ist, steht die Kundin auf und geht.

Das hat Joey tatsächlich mehrmals erlebt: «Beim allerersten Treffen war ich total nervös – und vermasselte es derart gründlich, dass die Klientin aufstand und sich dankend verabschiedete.» Unsicherheit ist für einen Callboy verhängnisvoll: «Das spürt eine Klientin sofort.» Die Klientinnen – Joey redet nie von Freierinnen – sind anspruchsvoll und verlangen etwas für ihr Geld. Geistig, im Auftreten und im Gespräch muss ein Boy etwas bieten, um ihren Bedürfnissen zu genügen. Joey nimmt das sehr ernst: «Ich betrachte meinen Job als reine Dienstleistung, und ich leiste perfekte Dienste.» Das meint er nicht arrogant, sondern sieht es als etwas Natürliches an. Die Kundin bezahlt und darf dafür guten Service erwarten.

Qualitätsarbeit ist er ohnehin von seinem «Tagberuf» her gewohnt, in dem er zahlreiche Firmenmitarbeiter betreut. Bei seinem Nebenberuf kommt ihm aber sehr entgegen, dass er ihn durchaus mit Vergnügen betreibt. «Ich mag Sex mit Frauen», lächelt er. Gehemmt war er schon früher nicht. Er begnügte sich selten mit einer einzigen Freundin, und Gewissensbisse kannte er bei seiner Mehrspurigkeit nicht. «Ich verstricke mich nie in Gefühle, kann mich jeweils völlig auf eine Frau konzentrieren – und sie auch sogleich wieder aus meinen Gedanken streichen, um mich auf die nächste einzulassen.» Er vergleicht sich mit einem, der in einem Boot von Insel zu Insel fährt, jeweils unterwegs die nächste Insel anvisiert und die vordere bereits wieder aus dem Gedächtnis streicht.

So viel zu den psychischen Voraussetzungen. Und was ist mit seinen besonderen körperlichen Voraussetzungen und Talenten? «Na ja, einerseits eben eine gewisse Gefühlskälte, andererseits verfüge ich mittlerweile schon über etliche Erfahrungen und spüre dank einem gut trainierten Einfühlungsvermögen, was die Frauen wollen, ob sie nur berührt werden wollen, oder mehr. Das ist meine Stärke.» Und rein körperlich? Joey, ziemlich kokett: «Nun ja, ich habe eine knackige Hüftlinie, wie sie sonst nur die Schwarzen haben, und mein Körper ist super proportioniert.» Ganz konkret: Sein erigierter Penis ist 20 Zentimeter lang und misst 14 Zentimeter im Umfang. «Sehr überdurchschnittlich gross», entfährt es Rita überrascht. Eben doch ein perfekter Seitensprung.

Was tut er denn, wenn ihm eine Kundin gar nicht gefallen mag, wenn sie wirklich hässlich oder schwabbelig ist, total unsympathisch wirkt oder knubbelige Füsse hat? Ein Mann kann ja wohl technisch eine Erregung, sprich Erektion, viel schlechter vortäuschen als eine Frau, und die Klientin möchte doch wohl nicht ein schlappes Würstchen neben oder auf sich liegen haben? «Es ist bisher zweimal vorgekommen, dass gar nichts lief», gibt Joey zu. «Aber das zeigte sich bereits im Vorgespräch. Da sprang absolut kein Funke über, so dass ich schon vorher merkte, dass ich der

Frau das Gewünschte nicht würde bieten können und das Date von meiner Seite her abbrach.»

Eine harte Erfahrung für die betroffenen Frauen. Da schlucken sie ihren Stolz runter und wollen von einem Mann Sex und Zärtlichkeit gegen Geld – und werden von ihm kaltschnäuzig abgewiesen! «Ja, das war brutal», stimmt Joey zu. «Aber es war ehrlich. Es hätte nicht funktioniert, und die Enttäuschung wäre noch grösser gewesen, wenn ich ihr für den Frust auch noch Geld abgeknöpft hätte.» Stattdessen versuchte er, es der Frau behutsam beizubringen und sie wieder ein wenig aufzubauen. So weit das überhaupt möglich ist ...

In den allermeisten Fällen hat aber Joey selber auch Spass daran, die Frauen zu berühren, herauszufinden, was ihnen gefallen könnte. Seinen eigenen Orgasmus kann er dank der vielen Übung «prima steuern, und», er gibt sich selbstbewusst, «ich weiss, dass ich jeder Frau das geben kann, was sie gerne möchte». Wenn da mal was schief geht, es ihm zu früh oder gar nicht kommt, macht er einfach mit der Frau ein weiteres Treffen ab: «Das läuft unter Qualitätsgarantie.» Und ein Patzer mache ihn für die Klientin noch viel menschlicher.

Die meisten Treffen bereiten ihm aber kein Problem, einerseits weil er Sex schlicht gern hat, andererseits weil doch «jede Frau zumindest irgendetwas Attraktives an sich hat, seien es die Augen, die Brüste oder die Fesseln». Diese Punkte lokalisiert er meist schon beim ersten Treffen. Wenn dann aus Kaffeetrinken Petting oder Geschlechtsverkehr wird, muss er sich bloss darauf konzentrieren – und es klappt. Falls die Frau erst noch rundum schön ist – tant mieux.

Und noch ein grosser Vorteil: Da er den Job nebenberuflich ausübt, muss er nicht 30 Erektionen und Orgasmen pro Woche produzieren, sondern bloss fünf bis zehn pro Monat. Daneben reicht es spielend für ein «normales» privates Sexleben mit der Freundin, «im Schnitt so ungefähr zweimal pro Woche, in den Ferien öfter». Potenzhilfen wie Viagra benötigte Joey bei diesem Arbeitsanfall noch nie – er ist auch noch jung genug. «Wenn es allerdings eines Tages nötig würde, nähme ich es ohne weiteres», da sieht er kein Problem. Von potenzfördernden Nahrungsmitteln hält er dagegen nichts: «Absoluter Humbug – das passiert doch eh fast alles im Kopf!» Das Einzige, was wirklich hilft, ist – für viele Männer traurig, aber wahr – körperliche Fitness: Joey raucht nicht, trinkt nur mässig Alkohol und treibt Sport.

Mit Männern hat es der Callboy noch nie versucht – dafür besteht kein Interesse seinerseits. «Aber es wäre wesentlich lukrativer», sagt er mit einer bedauernden Grimasse. Als Joey in seinem Inserat den Zusatz «nur Frauen» noch nicht gemacht hatte, erhielt er zahlreiche Anfragen von Bisexuellen und Schwulen, vor allem Ärzten und Direktoren, und die wollten alle regelmässigen Service, Einzelne sogar mehrmals pro Woche. «Stammkundinnen habe ich zwar auch, aber die buchen mich höchstens ein-, zweimal im Monat – und wenn sie dann in einer neuen Beziehung leben oder die alte Beziehung wieder besser läuft, sehe ich sie monatelang gar nicht mehr», so Joeys Erfahrungen.

Wie ist er denn überhaupt darauf gekommen, seine «körperlichen Fähigkeiten» öffentlich anzubieten? Mit einer gekonnten Bewegung streicht der Callboy eine lange, blonde Haarsträhne aus der Stirn. «Das entwickelte sich so aus meinen Anlagen, einen äusserlichen Auslöser gab es dafür nicht.» Er lächelt charmant. «Ich wusste schon lange, dass ich das kann, und irgendwann fühlte ich mich dann souverän genug, um den Frauen nicht nur körperlich, sondern auch geistig etwas zu bieten.»

Heute weiss er, wenn er eine Kundin behalten will, muss er ihre Ansprüche sogar übertreffen: «Ein guter Callboy passt sich dem Niveau der Kundin an.» Das heisst, Interesse für den Familien- oder Berufs-Alltag der Frauen zeigen, mit Geschäftsfrauen auch mal eine Runde Businesstalk einlegen, eine schüchterne Frau auf gute, ehrliche Art heraufheben – kurz: sich für die Frauen interessieren. Dabei hat er tatsächlich Interessantes herausgefunden: «Geschäftsfrauen kommen zwar oft knallhart daher und verlangen klipp und klar einen Geschlechtsverkehr mit Orgasmus. Wenn ich sie dann zu streicheln beginne, merken sie plötzlich, wie sehr ihnen Zärtlichkeit und Einfühlungsvermögen fehlen.» Dann geniessen sie intensive Aufmerksamkeit statt machohafter Rammelei.

Machogehabe und cooles Männertum sind ohnehin Joeys Sache nicht. Bei seinem Umgang mit unzähligen Frauen hat er gelernt, wie eine Frau zu denken und intuitiv zu handeln. Und hat dabei fast erstaunt festgestellt: «Ich spüre oft, dass die Frauen unter einem extremen Zärtlichkeitsmangel leiden. Männer schaffen es nach einigen Ehejahren nicht mehr, zärtlich auf sie einzugehen und haben das irrige Gefühl, sie müssten einen dreistündigen Rammelakt vollziehen, statt herauszuspüren, was die Frauen gerne hätten.» Dieses Manko der Ehemänner nützt Joey ungeniert aus.

Das ist allerdings nicht ganz ungefährlich. Manchmal setzt er seine Erfahrung so gekonnt ein, dass sich eine Kundin in ihn verliebt. Was dann? «Das blocke ich sofort ab», antwortet er entschieden. «Die Frau hat mich ursprünglich aus Lust oder aus einem momentanen Bedürfnis angerufen – und das soll so bleiben.» Da bleibt er strikt. Er mag wohl Tröster bei einer Beziehungskrise sein – Auslöser einer Krise jedoch nicht. Obschon er die Frauen gut versteht: «Männer ab 30 vernachlässigen ihren Körper oft völlig, legen sich Bauchringe zu und stumpfen ab.»

Wo die Männer nichts mehr für ein knisterndes Sex-Leben tun und sich stattdessen zu einer Prostituierten flüchten, tritt Joey auf die Bildfläche. «Die Schwächen der Ehemänner sind meine Stärken», sagt er selbstbewusst. Bei einer Frau, die ihm gut gefällt, hält er sich nicht zurück und lässt sich auch mal auf einen Zungenkuss ein – das wäre dann die Illusion vom echten Seitensprung. Kein Wunder, wird die eine oder andere Frau bei Joeys knackigem Body und seiner intensiven Aufmerksamkeit schwach.

Für ihn selber ist Falschverlieben kein Problem: Nebst seiner bereits erwähnten Gefühlskälte schützt ihn seine «100-Punkte-Freundin» vor einer unpassenden Liebe zu einer Kundin. «Seit vier Jahren lebe ich in einer festen Beziehung, und die ist mir sehr wichtig. Meine Freundin erfüllt alle 100 Punkte auf meiner Anforderungs-Liste», behauptet er. Und solange die erreicht sind, hat keine andere Frau eine Chance. Ob er auf ihrer Liste auch alle Punkte erfüllt? Müsste er ja, als zärtlicher, aufmerksamer, gepflegter Mann ...

Allerdings: Sie weiss nichts von seiner Nebentätigkeit. «Nein, es würde ihr wahrscheinlich weh tun.» Schliesslich, so sinniert er, ist er ja privat treu, und was er in seinem Job macht, ist fürs Geld, also eine reine Dienstleistung und nicht Untreue. «Obschon – ein wenig könnte das auch ein Vorwand sein, um vor mir selbst eine gewisse Untreue zu rechtfertigen», räumt er dann mit erfrischender Offenheit ein.

Gibt es für seine Dienste eine Altersgrenze? «Nun ja, die meisten Frauen sind zwischen 30 und 50 Jahre alt. Meine jüngste Klientin war 20, völlig naiv, spontan und wollte das einfach mal ausprobieren. Ältere kommen nur sehr selten, weil sie Hemmungen haben.» Alles in allem hat er es wohl angenehmer mit den Körpern seiner Kundschaft als seine Kolleginnen. Keiner Frau käme es in den Sinn, ungeduscht oder verschlampt zu einem Treffen zu erscheinen – im Gegensatz zu Männern, welche die Prostituierte nicht selten auffordern muss, Schweissfüsse und Fischstäbchen zuerst mal unter die Dusche zu halten. «Nein, im Gegenteil, die Frauen haben das Bedürfnis zu gefallen und wollen das von mir auch bestätigt haben», weiss Joey.

Während er ihnen dieses Gefühl vermittelt, steuert er schon sein Hauptziel an: «Sie sollen den Moment geniessen, eine Stunde lang nur in der Gegenwart leben und alles andere ausklammern.» Vor allem die Tatsache, dass es sich um einen bezahlten Liebesdienst handelt: 140 Franken investieren vernachlässigte Frauen in eine Stunde Streicheleinheiten, das heisst Petting; 250 Franken, wenn sie dazu «echten» Geschlechtsverkehr wünschen; 800 Franken, wenn sie das Ganze über vier Stunden ausdehnen möchten. Da noch eine romantische oder abenteuerliche Stimmung aufrecht zu erhalten, ist ein harter Job, bei dem Joey immer dranbleiben muss.

Wie man es dreht: Alles, was der Callboy verkauft, ist letztlich Illusion. Die Illusion, die Frau gefalle ihm echt; die Illusion, sie könne ihn vielleicht sogar privat rumkriegen; die Illusion, seine Zärtlichkeit gelte nur ihr allein.

Damit all diese Träume nicht allzu rasch platzen, muss sich ein Callboy enorm anstrengen. Auch wenn er wie Joey 1 Meter 80 gross, blond, blauäugig und knackarschig ist.

Ritas Test

Wie spannend: Zweimal derselbe Beruf, zweimal viele Ähnlichkeiten – und zweimal doch so viele Unterschiede. Ich dachte bei meinen Freiern an etwas ganz anderes, zum Beispiel an meine Einkäufe – Joey muss immer an die Frau denken und sie in Stimmung halten.

Wenn sich die Freier bei mir auszogen, hoffte ich stets, dass sie nicht einen zu grossen Schwanz hätten – Joey konzentriert sich auf die schönen Punkte und blendet den Rest aus.

Ich erlebte bei meinen Freiern die perversesten sexuellen Wünsche von Sadomaso bis zu Kotspielen – für Joeys Klientinnen ist schon das Erlebnis an sich ausgefallen und wird erst recht aufregend, wenn sie zum Beispiel eine neue Position ausprobieren.

Ich war ausnahmslos jedesmal erleichtert, wenn ein Freier fertig war – Joey kann es immerhin bei 30 Prozent selber geniessen und freut sich, wenn er bei einer Frau das Beste herausgelockt hat.

Zungenküsse kamen bei mir nie in Frage – Joey macht das von der Kundin abhängig.

Mein Job war vorbei, wenn es dem Freier gekommen war – Joey macht den Preis nach Zeit, und wenn eine Frau Glück hat, kann sie in dieser Zeit zwei- bis dreimal einen Orgasmus erleben, wenn sie Pech hat, gar keinen.

Für eine Ferienbegleitung verlangte ich bezahlte Reise, Unterkunft und Essen plus ein Taggeld von 1000 Franken – Joey würde dafür 500 Franken kassieren.

Ich liess mich auch mit Kreditkarte oder Check bezahlen – Joey verlangt sein Geld immer in bar.

Meine Freier nannten sich meist Hans, Peter oder Rolf, was ohnehin fast immer gelogen ist und weshalb ich sie alle nur Schatzeli nannte – Joeys Kundinnen nennen ihren richtigen Vornamen und lügen ihm auch sonst weniger vor.

Andere Sachen erlebt Joey ganz ähnlich wie ich: Kundinnen wie Kunden lieben fast ausnahmslos Oralsex, und wenn sie nicht von selbst auf die Idee kommen, sich vorher unten zu waschen, locken wir sie mit dem Vorwand, das sei sehr erotisch, unter die Dusche.

Zu Gruppensex-Partys wird auch Joey erst eingeladen, wenn die Kundin ihn ein wenig kennt. Wir beide gehen von ähnlichen Einkommens-Ansprüchen aus.

Joey kann sein Callboy-Leben total vom Privatleben trennen und mit der Freundin ein normales Sexualleben führen, genau wie auch ich das immer konnte. Allerdings muss Joey für seinen Job noch regelrecht die Werbetrommel schlagen, sozusagen Entwicklungshilfe leisten, während weibliche Prostituierte das beileibe nicht mehr nötig haben.

Ein wesentlicher Unterschied jedoch ist: Meine Freier wussten genau, was sie wollten, und bezahlten für das. Ich musste bloss liefern. Joeys Klientinnen dagegen wissen oft gar nicht genau, was sie wollen, sondern lassen sich von ihm führen. Callboys haben insgesamt ganz andere Voraussetzungen bei ihrer Arbeit. Bei ihnen fühlt sich eher die Frau ausgeliefert und muss in Stimmung gebracht werden. Für einen Callboy ist es deshalb noch wichtiger herauszuspüren, was eine Frau wirklich gerne mag. Auch eine Prostituierte muss natürlich feinfühlig auf ihre Freier eingehen, aber wie ich schon sagte: Wenn die Männer geil sind, vergessen sie alles ringsum, ihre Abenteuerlust ist nicht so wacklig wie die einer Frau.

Daher muss ein Callboy einer Frau etwas bieten, das sie sonst nicht bekommt. Und genau genommen ist das gar nicht so schwer, denn die meisten Männer wissen nur wenig über die Wünsche und die Anatomie der Frau. Wie sie sie berühren müssen, wo sie länger dranbleiben und verweilen sollten, damit sie sie befriedigen können. Den Durchschnittsmännern ist das immer noch schleierhaft, und oft wollen sie es gar nicht recht wissen.

Bloss weil nun Joey etwas kann, was der Durchschnittsmann eben nicht beherrscht, heisst das aber noch lange nicht, dass er deswegen seine Ehre verkauft, ebenso wenig wie ich. Ich werde oft an Talkshows – interessanterweise vor allem von CVP-Mitgliedern – gefragt, ob ich nicht Ehre und Seele verkauft hätte. Quatsch, weder die Prostituierte noch der Callboy verkauft etwas. Wir vermieten unseren Körper nur, stellen ihn zur Verfügung. Sonst müsste ich ja zu Hause ein ganzes Ersatzteillager führen ...

Nach dem Gespräch mit Joey kann ich nur sagen: Holla, was für ein Callboy! Wenn seine Kollegen auch so einfühlsam, attraktiv und intelligent wären wie Joey, wäre diese Berufsgattung wesentlich populärer. Und wäre ich bei meiner ersten und einzigen Erfahrung mit einem Callboy auf ihn gestossen – ich wäre vermutlich sogar Stammkundin geworden. Auf jeden Fall wäre es garantiert ein viel besseres Erlebnis gewesen als jenes, das ich vor Jahren machte:

Eines Tages wollte ich einfach mal wissen, was die männliche Konkurrenz so alles bietet. Was bekomme ich als Frau für mein Geld? Vertauschte Rollen, ich einmal als Freierin, der Mann als Prostituierter. Ich freute mich darauf und war sehr neugierig.

Eine Kollegin und ich hatten uns auf ein Inserat hin telefonisch gemeldet und zwei Männer aus Zürich nach Bern bestellt, nachdem wir uns nach dem Preis erkundigt hatten. Sie wollten fünfhundert Franken plus Spesen für eine Nacht. Als ich wissen wollte, was sie denn alles bieten würden für das Geld, wollten sie darüber am Telefon nicht reden. Recht so. Ich selber gebe am Telefon in der Regel ja auch keine Auskunft.

Wir beide hatten uns vorher bereits abgesprochen, damit wir keinen Streit bekommen würden. Weil die Kollegin kleiner war als ich, einigten wir uns darauf, dass ich den grösseren Typ bekommen sollte und sie den kleineren, egal wie sie aussähen.

Als sie uns beim Salon in Bern abholten, gingen wir erst einmal gediegen essen. Ich musste dann schnell feststellen, dass sich mit diesen Typen nur mühsam eine Unterhaltung anbahnen liess. Nicht einmal unser Metier interessierte sie, dabei hätte man doch Erfahrungen austauschen können. Es blieb beim nichtssagenden Blabla. Ich alleine im Wald hätte mit den Bäumen angeregter sprechen können. Das Gespräch plätscherte so vor sich hin, und weder meine Kollegin noch ich hatten den Mut, direkter zur Sache zu kommen. Als das Essen endlich vorüber war, gingen wir wieder in den Salon, hängten an die Türen die Besetzt-Tafel und verschwanden dann jedes Paar in ein Zimmer. Nun sollte es also losgehen.

Erwartungsfroh wartete ich, bis er den Anfang machte. Wenn ich Geld bekomme, mache ich schliesslich auch den Anfang. Aber das wollte und wollte nicht so richtig hinhauen. Als er sich den Gummi übergezogen hatte, wollte der nicht recht halten, weil sein Glied nicht mehr steif war, und ich hatte immer das Gefühl, dem Boy helfen zu müssen. Irgendwie hatte ich auch Mühe mit dem Rollenwechsel und war enttäuscht über das, was er mir bieten konnte. Ich wollte eigentlich den Part des Freiers übernehmen, der zieht sich nämlich einfach aus und steht dann da und wartet auf die Initiative des andern. Aber nichts geschah. Der Callboy stand auch einfach nur da und schaute mich blöd an.

Schliesslich beschloss ich, ihm endlich nachzuhelfen. Jemand musste doch schliesslich was tun. Gewaschen hatte er sich auch nicht, was mich nun wirklich störte. Endlich auf dem Bett, begann er mich dann irgendwie zu betatschen. Ich dachte nur noch, wie ich dieses mühsame Spiel möglichst schnell abbrechen könnte. In dieser Zeit hätte ich locker selber fünfhundert Franken verdient und wenigstens einer, nämlich der Mann, wäre danach befriedigt nach Hause gegangen.

Das ganze Experiment lief total schief, ich würde das nie mehr machen. Ich brach dann die Übung vorzeitig ab, noch bevor es zum Beischlaf kam. Der Mann hat mich weder oral befriedigt, noch konnte er richtig streicheln. Ich sehe uns heute noch auf diesem Bett liegen. Er – so unprofessionell – und ich, die dauernd das Gefühl hatte, ihm helfen zu müssen. Die fünfhundert Franken konnte er behalten.

Dann gingen wir zu den andern zwei, die sich genüsslich auf dem Boden wälzten. Meine Kollegin – nach ein paar

Orgasmen total happy – hatte mehr Glück mit ihrem Typ. Der wurde garantiert ein Supercallboy, während meiner sicher bald schon den Beruf wechseln musste. Es gibt allerdings Callboys, die bieten Orgasmusgarantien für Frauen. Man muss sich das mal vorstellen! Wieder so eine Überheblichkeit der männlichen Art.

Ich persönlich glaube nicht, dass ein Puff für Frauen rentieren würde. Einen Begleiter kauft sich eine Frau schon eher. Einen fürs Theater oder fürs Konzert. Aber fürs Bett – das ist eine ganz andere Sache. Wenn schon, lassen sich Frauen vermutlich lieber einen Boy nach Hause kommen, als dass sie in ein Puff für Frauen gingen. Zu Hause kann man das heimlicher anstellen, denn für eine Frau gilt es immer noch als Erniedrigung, für Sex zu bezahlen.

Und auch heute hält sich in vielen Köpfen die Vorstellung: Nur wer es nötig hat, bezahlt dafür. Eine Frau hat es zwar unter Umständen nicht weniger nötig, aber sie verliert meiner Meinung nach weniger den Kopf, auch wenn sie geil ist. Eine Frau verliert im Gegensatz zu den Männern erst dann den Kopf, wenn Liebe oder zumindest Schwärmerei mit im Spiel ist.

Auch männliche Freier bilden sich manchmal ein, sie könnten bei einer Prostituierten echte Zärtlichkeit kaufen. Irrtum: Eine Prostituierte verkauft – genauso wie der Callboy – nur Illusionen. Oft versucht es einer trotzdem, zeigt sich anlehnungsbedürftig und behauptet, dass er sehr viel Liebe und Zärtlichkeit brauche. Geht nicht – das kann er bei seiner Frau oder seiner Freundin holen. Ich selber habe Zärtlichkeit nur gegeben, das heisst gespielt, wenn einer viel dafür bezahlt hat. Dann konnte der Freier bei mir seine ganzen Probleme abladen, anlehnen und kuscheln. So konnte ich ihm die Illusion geben, ich sei seine Freundin.

Das war aber wie gesagt immer teurer als die andern Dienstleistungen. Eine übliche «Abfertigung» dauert zehn Minuten bis eine halbe Stunde. Probleme wird jedoch niemand in zehn Minuten los, deshalb ist dieser Service aufwendiger. Es lief unter «Stundenservice» und kostete nie unter fünfhundert Franken. Statt bumsen konnte der Freier dafür kuscheln und streicheln. Früher kam das häufiger vor, heute fehlt den meisten das Geld dazu.

Für mich war das viel anstrengender und kostete viel Nerven, denn ich musste dem Typ Recht geben, ihn verstehen oder bemitleiden. Und überdies handelte es sich meistens um das gleiche Blabla: «Meine Frau versteht mich nicht» und «meine Frau macht dieses oder jenes nicht, um mich glücklich zu machen.» Eigentlich macht Joey genau jene Arbeit, die ich als sehr mühsam empfand.

Wenn ich einen jungen Freier in das Sexleben einführen musste, habe ich mich jeweils hingelegt, die Beine gespreizt, und er hat sich vor mich hingekniet. Dann habe ich seine Finger an mir herumgeführt und ihm jedes Detail über den Intimbereich einer Frau erklärt. Dass der Kitzler der empfindsamste Punkt der Frau ist, den man mit der Zunge, dem Mund oder mit den Fingern stimulieren kann. Wichtig ist, dass er spürt, wie die Frau es gerne möchte. Es gibt Frauen, die möchten zärtlich an diesem Reizpunkt gestreichelt werden, andere lieben es eher ein wenig härter. Oft möchte frau auch Abwechslung, je nach Stimmung.

Nicht der Eingang der Vagina ist hochempfindlich, sondern der Kitzler, die Klitoris. Der G-Punkt liegt weiter hinten in der Vagina. Aber der Mann sollte sich viel mehr auf die Klitoris fixieren und darauf achten, wie die Frau reagiert. Es verhält sich ganz ähnlich wie beim Penis: Wird die Klitoris grösser, hat er es wohl gut getroffen. Bleibt sie klein, muss er sich was anderes einfallen lassen und dabei immer auf den Körper der Frau hören. Beim Oralverkehr zum Beispiel gibt es Männer, die stimulieren mit ihrer Zunge überall, nur nicht dort, wo es für die Frau am schönsten wäre, nämlich beim Kitzler selbst. Meistens wissen sie gar nicht, wo dieser sich befindet.

Wenn sie an diesem Lustpunkt der Frau dranbleiben, ist es für die Frau am schönsten. Ist sie dann kurz vor dem Orgasmus, kann sie ihm das auch zeigen. Einige wollen dann, dass der Mann mit dem Penis in sie dringt, andere erleben es lieber mit dem Finger des Mannes. Besonders lustvoll ist für viele Frauen, wenn der Mann sie oral am Kitzler befriedigt und gleichzeitig einen Finger in ihre Vagina einführt.

In jedem Fall gilt aber: Schluss mit dem fantasielosen Rammeln! Es sollte endlich jedem Mann klar sein, dass es keiner Frau gefallen kann, wenn er bloss auf ihr herumbumst. Für schönen, genussvollen Sex, bei dem es zwischen Mann und Frau funkt, ist auch die ganze Atmosphäre entscheidend. Wenn ein Paar schon tagsüber nur gestresst durch die Gegend hetzt und sich streitet, wie soll dann Freude im Bett aufkommen? Ein Mann müsste auch etwas in eine erotische Schäferstunde investieren, zum Beispiel seine Frau wieder einmal zu einem guten Essen einladen oder sie mit Kerzenlicht, Musik und einem Glas Wein in Stimmung bringen. Und warum nicht mal zusammen einen prickelnden Erotikfilm oder einen sinnlichen Liebesfilm anschauen?

Oder wie wäre es einmal mit Sex auf dem Sofa, im Auto oder im Wald, statt kurz vor dem Einschlafen im Bett? Was auch immer sich der Mann oder das Paar gemeinsam überlegen: Die Frau muss spüren können, dass der Mann sich um sie bemüht und sie verwöhnt, bis sie bereit ist.

Und wenn ein Mann sich partout nicht auf die Gefühle und Bedürfnisse seiner Frau einlassen will – dann empfehle ich allen vernachlässigten oder abenteuerlustigen Frauen wärmstens jemanden wie Joey.

Das doppelte Leben

Ein Mann für jeden Mann – und die Frau für jede Frau?

Sauber und weiss steht die Massageliege im kleinen, verdunkelten Zimmer, das bis auf einen Schrank und ein Poster mit Palmenstrand völlig kahl ist. «Hier bieten wir unseren Kunden Sportmassage an», erklärt Paul mit seinem reizenden französischen Akzent. Ich blicke ihn ungläubig an. Sportmassage? Er grinst: «Na ja, das wird eigentlich höchst selten verlangt – vielleicht zweimal im Jahr. Die meisten bevorzugen eine Feinmassage.»

Mehr kriegen sie in diesem Raum allerdings nicht. Wer einen der vier Boys des Zürcher «House of Boys» körpernäher erleben will, muss sich mit ihm in eines der beiden Erotikzimmer zurückziehen. Die sind sowieso gemütlicher: Im einen plätschert ein Zimmerbrunnen in der Ecke neben den roten Vorhängen; im anderen hängen Spiegel und ein rotschwarzer Riesenfächer an der Wand neben dem üppigen, rotschwarzen Polsterbett. «Gerade luxuriös ist es nicht eingerichtet», entschuldigt sich Paul, der seit vier Jahren regelmässig hier arbeitet und so etwas wie der Stellvertreter des Puffbesitzers Dominic ist. In Deutschland gebe es Schwulenbordelle mit Spiegelwänden, Whirlpool und Luxusmöbeln.

Trotzdem kommt ein beträchtlicher Teil der Stammkundschaft extra aus Deutschland angereist. «Hier ist es sehr familiär, und das schätzen unsere Kunden», weiss Paul. «In Deutschland stehen oft neun, zehn Jungs da und warten, und dann muss der Kunde einen auswählen. Das stresst viele, vor allem, weil sie in dieser Zeit mitten unter den anderen Kunden stehen.» Das ist ein weiterer Vorteil des House of Boys: Ein Gast begegnet nie einem anderen, Diskretion wird gross geschrieben.

Damit nie einer der Jungs mit seinem Kunden – hier verkehren Kunden oder Gäste, keine Freier – in ein bereits besetztes Zimmer platzt, wird ein Schild «bitte nicht stören» an die Klinke gehängt. Ein weiteres Gebot sind die beiden S für Sicherheit und Sauberkeit: Ohne Kondom läuft nichts, und jedesmal, wenn ein Kunde das Zimmer verlässt, werden Matratze und Leintuch mit einem Spezialspray desinfiziert.

Diesen Service lassen sich die Gäste etwas kosten: Für eine halbe Stunde Feinmassage blättern sie 200 Franken hin, eine halbe Stunde Erotikzimmer kostet 320 Franken und eine Stunde Escort-Service bereits satte 500 Franken. Wer gar eine ganze Nacht lang Gesellschaft möchte, muss sein Portemonnaie um stattliche 1600 Franken erleichtern. Keine Preise für Otto Normalverbraucher. «Nein, billig ist es gewiss nicht», gibt Puffvater Dominic zu. Auf der anderen Seite findet er die Preise völlig angemessen: «Warum sollte ein Kunde für eine Frau mehr zahlen als für einen Boy?» Dieser müsse viel mehr bieten, viel mehr von seiner Person eingeben als eine Frau. «Während eine Prostituierte ohne grossen Aufwand Erregung und sogar einen Orgasmus vorspielen kann, muss der Mann eine echte Erektion liefern», weiss Dominic. Für diese Echtheit zahlen die Kunden, die zu ihm kommen, gern.

Klar, bei einem der unzähligen Callboys und Strichjungen kriegen sie einen billigeren Orgasmus. «Aber das ist nicht vergleichbar», betont Dominic. «Wir bieten unserer Klientel – hauptsächlich verheiratete, bisexuelle Männer aus der Oberschicht – Diskretion und die Sicherheit des Salons. Bei uns muss keiner befürchten, ausgeraubt zu werden.» Die Massen von freischaffenden Callboys sind ihm höchst lästig: «90 Prozent von ihnen sind illegale Ausländer, und sie verderben das Geschäft, weil sie weit unter dem Preis arbeiten – aber zu welchen Bedienungen!»

Bei ihm dürfen die Kunden etwas für ihr Geld erwarten. Gepflegtes Auftreten und saubere Kleidung ist für die Boys selbstverständlich, knackig sind sie ohnehin und jung, keiner ist älter als 24, und zweimal jährlich schickt Dominic sie zum Aids-Test. Wer von ihnen welche Spezialität anbietet, ist im braunen Lederordner nachzulesen, der im Empfangszimmer neben der blauen Lederpolstergruppe aufliegt. Hierhin werden die Kunden zuerst geführt, hier können sie bei einem Drink den Ordner studieren und allenfalls ihre Nervosität ablegen.

Beim Durchblättern der Mappe staune ich: Paul beispielsweise bietet auf 181 Zentimetern sportlich schlankem und «gut bestücktem» Körper nicht nur braune Haare, grüne Augen, Zärtlichkeiten und erotische Massagen, sondern spricht ganz nebenbei ausser deutsch und französisch auch italienisch, spanisch, portugiesisch und englisch. «Ja, ich bin talentiert für Sprachen», lächelt er mit leisem Stolz. Ist das nicht verschwendetes Talent? «Nein, ich wende doch die Sprachen täglich mindestens einmal an.» Wohlan, die Kunden werden es ihm danken.

Auch Griechenland-Amateure kommen beim schwarzhaarigen, gut bestückten George auf ihre Rechnung, und wer auf blond und grünäugig – und natürlich gut bestückt – steht, ist mit Dayan bestens bedient. Der spricht allerdings ausschliesslich französisch und englisch. Ist das überhaupt wichtig? «Oh ja, die meisten unserer Kunden suchen vor allem Aufmerksamkeit, ein Gespräch und Zärtlichkeit», versichert Paul. «Oft wollen sie nur im Arm gehalten und gestreichelt werden.»

Keine Spur also von sexbesessenen, geilen Männern, sondern viel mehr eine Versammlung von zärtlichkeitsbedürftigen Softies? «Nein, gewiss ist auch die Befriedigung wichtig», schränkt Paul ein. Aber es kommt gar nicht so oft zu einer eigentlichen Penetration, sondern viele wollen einfach mal einen Mann spüren oder sich von ihm berühren lassen. «Oder ihre Seele entleeren, einfach mal den Alltagsfrust rauslassen und sich entspannen», ergänzt Dominic. Die Boys nicht nur als Lustspender, sondern auch als Psychomüll-Eimer also.

Für Gespräche, Aufmerksamkeit und diverse Formen von Körperlichkeit sind sie zu haben, aber beim harten Sadomaso hört das Angebot auf. Das härteste, was in einem Zimmerschrank zu finden ist, sind Lederhandfesseln, eine schwarze Lederkappe und eine Lederpeitsche. Wer es härter braucht, muss sich einen der auf fantasievolle Spiele spezialisierten Callboys suchen.

Wie stellt sich nun ein Boy neuen Kollegen vor? «Hallo, ich bin ein Nutterich, kommst du mal mit mir ins Kino?» Paul schmunzelt. «Nein, das ist auch für Männer noch ein grosses Tabu.» Viele erfinden einen anderen Beruf für sich, andere wie Paul haben tatsächlich noch andere Berufsqualifikationen. «Etwas in der Modebranche» arbeitet er, seine französisch-italienischen Eltern wissen überhaupt nur von diesem Beruf. Das ist wahrscheinlich auch besser so, findet er. «Manchmal mag auch ich nicht mehr.» Wann immer Paul genug Geld zusammen hat, zieht er sich zu ihnen in das kleine italienische Bergdorf zurück, wo er «völlig weg» ist und sich von seiner Arbeit innerlich reinigt.

In etwa drei, vier Jahren ist Schluss damit, dann ist er ohnehin zu alt, denn die Kunden lieben knabenhafte Boys. Über seinen Ausstieg macht er sich jetzt noch keine Sorgen: «Das packe ich dann an, wenn es so weit ist.» Probleme sieht er keine, er hat ja noch sein Standbein in der Mode. Vorerst bleibt er aber dem House of Boys und seinen Kunden erhalten: «Ich mache das, solange es mir Spass macht.»

Spass ist auch das Motto der beiden Callboys Igor (27) und Rico (32): Knackig braun, mit schwarzem Kurzhaar und Glutaugen der eine, schick blond geföntt, elegant und top gepflegt der andere, sitzen die beiden in ihrem Stammcafé und warten auf einen Anruf. Bisher vergeblich. Sie nehmen es nicht tragisch, leben müssen sie beide nicht von diesem Job. Igor ist tagsüber Geschäftsführer in einem Sportgeschäft, Rico ist Krankenpfleger in einem Regionalspital. Vor drei Jahren kamen sie unabhängig voneinander auf die Idee, als Callboys zu inserieren. «Ich liebe Sex und bin sehr aktiv», sagt Igor von sich. Rico ruft spontan aus: «Mir ist einfach wohl, wenn ich ein Schnäbi sehe», und kichert verlegen los.

Auch die Kunden fühlen sich bei Igor und Rico oft nur allzu wohl: «Viele möchten mehr als ein blosses Geschäft und erhoffen sich ein besonderes Entgegenkommen.» Für die meisten von ihnen eine Illusion – aber hie und da funkt es tatsächlich zwischen Callboys und Klienten. Besonders Rico lässt sich häufiger als üblich auf ein Techtelmechtel ein: «Ein nicht besonders professionelles Verhalten – aber ich verliebe mich halt so rasch.»

Jeder Mann kommt jedoch schon nicht bei ihnen an: «Ich akzeptiere nur jene, die mich irgendwie ansprechen», sagt der bisexuelle Igor, den nur eine «absolute Superfrau» begeistern könnte. Ansonsten zieht er Jungs vor und findet es eigentlich ganz toll, dass er mit Sex Geld machen kann – und noch toller, dass er nicht auf das Geld angewiesen ist. «Die vollberuflichen Callboys haben einen Flick weg», findet er. «Die stehen unter Dauerstress, weil sie eine bestimmte Anzahl Freier durchbringen müssen.» Da bleiben dann die Drogen nicht mehr weit, und viel Spass liegt wohl auch nicht drin.

Daher möchten Igor und Rico – «2 echte Kerle machen dir's bunt! Ruf an, komm vorbei, einzeln oder zu zweit» – den Job auch weiterhin nebenbei machen, sich ohne Zeitdruck einem sympathischen Kunden widmen, dem es egal ist, dass sie nicht mehr 20 sind. Und daneben völlig «normal» leben, in einem Umfeld, das nicht von Sex, Stress und Drogen geprägt ist.

Das hat sich bis anhin bewährt und zahlt sich letztlich auch in barer Münze aus. Sie sehen derart «normal» aus, dass sie einen Klienten auch in der Öffentlichkeit begleiten können, ohne gleich weithin zu signalisieren «hier kommt ein schwuler Prostituierter mit Freier». Dadurch erhalten sie sich eine treue Stammkundschaft aus der oberen Gesellschaftsschicht. Professoren, Direktoren und «hohe Tiere aus Militär und Bundeshaus» zählen zu ihren regelmässigen Kunden und geniessen die Intimität mit fröhlichen, einfühlsamen Männern. «Jaja, ich bin sozusagen eine Luxusdirne», flachst Igor. Nein, im Ernst: «Ich schäme mich nicht im Geringsten für meinen Nebenjob, meine Mutter weiss sogar davon.»

Rico hat damit mehr Mühe. Seine Freunde und Verwandten ahnen nichts von seinem doppelten Leben. Sowohl seine Mitsänger im Kirchenchor wie auch seine Kolleginnen im Spital wären wohl ziemlich verblüfft, wenn sie die Wahrheit wüssten. «Die Frauen stehen total auf mich – und ich liebe Männer», gluckst er amüsiert. Aber eben: Auch Männer schätzen eine gepflegte Begleitung mit guten Manieren.

Im Gegensatz zu den Massen von schwulen Callboys liess sich in der Schweiz kein einziges lesbisches Callgirl finden. Ganz vereinzelt muss es sie zwar geben, aber in Lesben-Cafés und -Organisationen ist kein Name bekannt. «Dafür ist der Markt zu wenig gross», vermuten die meisten. «Das Bedürfnis wird genügend abgedeckt durch Escort-Services ‹Für Sie und Ihn›», glauben andere.

Tatsächlich helfen sich Frauen mit Besuchen in gewöhnlichen Salons – mehr schlecht als recht. «Ich habe das zweimal probiert. Es war okay – aber alles andere als toll», erzählt Erika. Die 39-Jährige verliess den Salon zwar nicht frustriert, weil sie genau wusste, was sie erwarten konnte: sexuelle Befriedigung und nicht mehr. Aber umwerfend fand sie den Service keineswegs, denn irgendwie war das Erhaltene nur fast das Gewünschte. «Frauen, die sonst an Männer gewöhnt sind, verhalten sich nicht gleich routiniert, wenn sie plötzlich eine Frau befriedigen sollen.»

Wenn Erika Zärtlichkeit und Liebe sucht, dann anderswo als im Puff, nämlich «in tiefen Freundschaften, Beziehungen oder One-night-Stands». Da diese aber auch bei Lesben oft mit unbequemen Verlängerungen – wie dem peinlichen gemeinsamen «Frühstück danach» – einhergehen, findet Erika

Prostituierte ab und zu ganz angenehm: «Ich mag nicht mit einer One-night-Frau im selben Bett schlafen, wenn doch das Eigentliche in drei, vier Stunden abgehandelt ist.» Diese Verwicklungen gibt es im Salon nicht, der Deal ist klar – aber teuer. Eine Frau ist nicht nach zehn Minuten bereits «abgefertigt», sondern gönnt sich manchmal zwei, drei Stunden für den Service.

Erikas beide Salonbesuche verliefen denn auch ziemlich amüsant, sie selber «schlotterte vor Nervosität», und die Prostituierten mussten sich eilends absprechen, welche von ihnen eine Frau am besten verwöhnen könnte. «Es war schon recht, frustriert war ich jedenfalls nicht.» Aber es ist doch nicht das Gleiche, wie wenn sie in Berlin einen Frauensalon besucht, wo sie echt professionell behandelt wird und auch Sonderwünsche äussern kann, ohne die Frauen zu verwirren.

Mit derartigen Ansprüchen, ergänzt Erika rasch, steht sie allerdings ziemlich allein: «In Lesbenkreisen verhält man sich ziemlich lustfeindlich. Vor lauter Sich-von-Männern-Distanzieren verleugnen viele Lesben, dass auch sie hie und da pure Lust auf Sex verspüren, und machen statt dessen ein grosses Gefühlstamtam um ein erotisches Abenteuer.» Sie selber findet das Blödsinn: «Wir sind doch genauso sexuelle Wesen.» Aber das Cliché von der gefühlsintensiven Lesbe und vom sexgeprägten Schwulen hat sich weitgehend durchgesetzt.

LauraMéritt, die in Berlin den lesbischen Escort-Service «Club Rosa» führt, erlebt weder gefühlsdusselige noch sexgeile, sondern vor allem lustvolle Kundinnen: «Bei uns wollen sich die Frauen einmal ordentlich bedienen lassen, mal schauen, was sich mit Sexspielzeug so alles anstellen lässt –

oder überhaupt mal Sex mit einer Frau testen.» Zuallererst wollen sie aber alle das Eine: Spass haben.

Und diesen Spass will der Service bieten: Ob ein Abenteuer auf dem Schiff, ein kurzer Abstecher ins Stundenhotel, ein Waldausflug per Motorrad oder ein Quickie im Auto – das Motto lautet: «Wir machen Träume wahr.» Welche Frau sie in ihren Traum begleiten darf, wählt die Kundin selbst aus. Da gibt es das «wollüstige Rubensmodell», die «rothaarige Walküre», das «zarte Blondchen» und die «burschikose Schwarzhaarige», jede von ihnen lesbisch, jede über 30. «Und jede nett», garantiert Laura Méritt.

Eine Blutjunge könnte den Kundinnen – teils Lesben, teils Bisexuelle, teils Ehefrauen mit erwachsenen Kindern und Männerüberdruss – ihrer Meinung nach nicht die gleiche liebevolle Betreuung bieten wie die reiferen Damen, die über langjährige Erfahrung und Einfühlungsvermögen verfügen. Méritt sieht ihren Service klar als feministisches Projekt. Ihr Ziel ist es, ihn nach dem Vorbild der früheren Hetären zu gestalten: «Die Frauen sollen zu uns kommen, wenn sie was Persönliches wissen wollen, wenn sie erfahren wollen, was so alles läuft, aber auch wenn sie Probleme haben.»

Wer Fragen hat, kriegt klare Antworten, wer küssen will, macht das mit dem Callgirl selbst aus, und wer was Neues testen will, kann sich getrost auf eine «Surprise» einlassen. Versteht sich von selbst, dass aller Spass nicht auf «safer sex» verzichten kann: Gummihandschuhe, Leckläppchen und Gummis über Dildo oder Vibrator sind Vorschrift; wer's ohne tut, fliegt raus. Dafür können die Kundinnen mit einem sehr persönlichen Service rechnen, Laura Méritt testet jeweils telefonisch den Zufriedenheitsgrad ihrer Klientinnen.

Diese sehen die Dinge ganz klar. Selten verfällt eine der Illusion, sie finde bei «ihrem» Callgirl mehr als das momentane Vergnügen oder den erotischen Abstecher. Einzig bei den Girls selber muss Méritt manchmal bremsen: «Manch eine pflegt die Fantasie, sie könne sich vielleicht mal die Superkundin mit viel Geld und Villa angeln. Das geht natürlich nicht, die Frauen dürfen sich nicht ihre Kundinnen auswählen, sondern umgekehrt.»

Die Kundinnen, das sind die 18-Jährige, die schüchtern ihre erste Frauen-Erfahrung macht, ebenso wie die 90-jährige Oma, die sich «in alten Tagen mal was Neues gönnen» will. Sie sind allerdings die Ausnahme. Die meisten Klientinnen des «Clubs Rosa» sind zwischen 30 und 60 Jahre alt, empfehlen sich den Service per Mundpropaganda weiter und geniessen die Ambiance, die Laura Méritt mit «klein, fein, privat und schön» umschreibt.

Klein und fein – aber nicht lukrativ. Anders als Schwulen-Callboys können lesbische Callgirls von ihren Diensten nicht leben, ebenso wenig Laura Méritt selber. Sie betreibt nebenbei einen privaten Frauen-Sexshop und veranstaltet dort Damen-Nachmittage, Workshops und Beratungen.

Sei's im Schwulenpuff oder beim Lesben-Escort: Die Boys und Girls klagen zwar unisono, ihre Dienstleistung werde nach wie vor von der Gesellschaft tabuisiert, aber alles in allem haben sie – anders als Prostituierte für Hetero-Männer – das Gefühl, ihre Kundschaft kenne ihren Wert und schätze sie entsprechend. Ob Massageboy, Luxusprostituierter oder rosa Lady: Das Motto lautet allemal «Spass an der Arbeit» – und natürlich am Geld.

Ritas Aufklärung

Mich erstaunt nicht im Geringsten, dass schwule Boys mit ihrem Job viel Geld machen. Mehr Männer, als man vermuten könnte, leben ihre verborgene homosexuelle Seite bei ihnen aus. Schon vor Jahren erzählten jene Schwulen, mit denen ich früher oft verkehrte – sie waren die einzigen Männer, mit denen wir privat Kontakt hatten –, viel von ihren Freiern im Bundeshaus. Nach aussen alles wohlanständige Männer mit Frau und Kindern.

Im Anusbereich haben allerdings auch die Nicht-Schwulen viele empfindliche Lustpunkte, bloss getrauen sich viele Freier anfangs gar nicht, darüber zu reden. Früher kam einer zu mir und wollte immer Fieber messen. Also habe ich ihm Fieber gemessen und eine Fieberkurve erstellt, da er alle Viertelstunde danach verlangte. Solche Freier fragte ich dann, ob sie nicht mal Lust auf einen Mann hätten. Dies lehnten sie jedoch vorerst strikte ab. Wenn ich sie dann aber fragte, ob es denn im Dunkeln eine Rolle spielen würde, ob ein männliches Glied oder ein Dildo sie befriedige, gaben viele zu, dass es wahrscheinlich kein Unterschied wäre. Eine schwule Fantasie also, zu der nur die wenigsten stehen.

Ein ehemaliger Freier, ein Arzt, erklärte mir, dass es für ihn erregender sei, oral von einem Mann befriedigt zu werden, weil dessen Zunge rauer sei als die einer Frau. Trotzdem möchte er aber ein Frauengesicht vor sich sehen, weil er behauptet, nicht schwul zu sein. In Thailand gibt es für solche Wünsche die sogenannten «Ladymen», bei uns Transvestiten, oben Frau – unten Mann.

Etwa so wie jener ehemalige Freier, der sich mit etwa vierzig Jahren riesige Silikonbrüste spritzen liess – mit dem vollen Einverständnis seiner Frau. Sie führte ihn sogar an Fetischpartys vor. Von aussen sah man ihm überhaupt nichts an, er kam mit Krawatte und Anzug zu mir, und wenn er sich auszog, kamen Strapse, Spitzenhosen und Büstenhalter zum Vorschein. Und er ist kein Einzelfall. Sicher fast ein Viertel meiner Freier trug gerne spezielle Unterwäsche – und sogar im Bundeshaus möchte ich nicht unter den Anzügen gucken, wie mancher drunter Spitzenwäsche trägt!

Ich glaube – auch wenn die wenigsten das zugeben –, dass es den meisten Männern im Zustand höchster Erregung völlig egal ist, ob mit Mann oder Frau, Hauptsache es läuft etwas. Aber die Hemmschwelle, in die Schwulenszene zu gehen, ist für viele noch zu gross, auch wenn sie insgeheim auf solche Praktiken stehen. Es gibt allerdings wie gesagt sehr viele bisexuelle Männer, solche, die Familien haben, daneben aber heimlich den Schwulenstrich aufsuchen. Wieder so eine Doppelmoral: Öffentlich drängen sie die Schwulen an den Rand, heimlich leben sie ihre Neigungen aus. Dabei wären Schwule ohnehin die besten Freunde für eine Frau, weil sie sie sehr gut verstehen und niemals plump anmachen ...

Selber habe ich früher sogar einzelnen Freiern, die sich nicht getrauten, zu einem «Callboy für Ihn» zu gehen, einen Mann vorgespielt. Dann legte ich einen Schwulenporno ein, machte ihn «männlich» an und befriedigte ihn mit dem Dildo. Auch unter sich sind Schwule oft sehr stark auf Sex fixiert, und zwar ist das nicht nur ein Cliché, das von der Umwelt geprägt ist. Mir gegenüber haben das schon etliche Schwule bestätigt. Bei den Lesben verhält es sich beinahe umgekehrt, bei ihnen kommt zweimal der gefühlsbetonte

Faktor zusammen. Von diesem Standpunkt aus betrachtet, scheint es mir auch klar, warum lesbische Beziehungen vielfach länger halten als schwule. Zwei Männer zusammen, das bedeutet oft zweimal eine triebhafte, aben- teuerlustige Komponente, wohingegen bei zwei Frauen das soziale, beziehungserhaltende Element zweimal vorkommt.

Hierbei möchte ich auch gleich die Gelegenheit ergreifen und für die Heterosexuellen ein wenig Aufklärung betreiben. Schaden kann es nicht, es wird immer noch viel zu wenig über persönliche Vorlieben gesprochen. Viele Männer mögen beispielsweise Oralverkehr lieber als Geschlechtsverkehr. So können sie sich passiv verhalten, ohne eine Gegenleistung erbringen und ihre Männlichkeit unter Beweis stellen zu müssen. Allerdings, und das betonen Prostituierte auch immer wieder, müssten die Männer in den Salons nicht unbedingt ihre Männlichkeit demonstrieren. Sie bezahlen ja dafür, dass sie befriedigt werden.

Es ist wichtig, dass ein Mann sich vor allem unter der Vorhaut gut wäscht, bevor er von seiner Frau oral befriedigt werden möchte. Die empfindlichsten Stellen beim Mann sind die Hoden und der Ansatz der Vorhaut. Wenn die Frau ihn dort mit der Zunge stimuliert, ist das für ihn sehr erregend. Allerdings haben die meisten Frauen immer noch Mühe, den Penis mit dem Mund zu berühren, dazu sollten sie nie gezwungen werden.

Eine weitere hochempfindliche Stelle des Mannes liegt zwischen den Hoden und dem Anus. In diesem Bereich kann die Frau bestimmen, wie die Erregung des Mannes verläuft. Sie kann ihn von dort aus führen; je nach Typ mögen es die einen hart, die anderen zärtlich. Wenn die Frau dort mit den Fingern draufdrückt, wird das Glied des Mannes härter. Auch seinen Orgasmus spürt sie an dieser Stelle zuerst. Es gibt Männer, die ziehen sich einen Gummiring über den Penis, damit er hart bleibt. Ein guter Druck am Damm des Mannes erzielt den gleichen Effekt.

Die Brustwarzen des Mannes sind ebenso empfindlich wie die einer Frau. Mann und Frau haben überhaupt einige erogene Zonen gemeinsam: die Achselhöhlen, die Innenseiten der Schenkel, die Lippen, den Hals oder die Ohrläppchen – und viele andere entdeckenswerte Stellen! Die Männer würden staunen, wenn sie merkten, was ihrer Frau im Bett so alles gefallen könnte.

Viele Männer hätten am liebsten, beim oralen Verkehr würde ihr Sperma geschluckt, was aber die wenigsten Frauen gern tun. Und eine gute Prostituierte lehnt das sowieso rundweg ab. Ohne Gummi macht sie nichts, das wäre viel zu riskant wegen Aids und anderen Krankheiten. Ich habe jeweils nicht einmal eine Massage ohne Gummi gemacht. Abgesehen davon hätte mich ein Kontakt mit dem Sperma des Mannes zu sehr abgestossen.

Deshalb suchen viele Freier den Kontakt zu Prostituierten aus dem Ostblock, weil viele von ihnen immer noch ohne Gummi arbeiten. Auch auf dem Drogenstrich ist das weit verbreitet – sowohl bei Drogenprostituierten wie auch bei süchtigen Strichjungen. Es ist eine absolute Sauerei, was mit ihnen gemacht wird und was sie sich bieten lassen müssen! Das ist ein elendes Kapitel, eines ganz für sich.

Salon, Sauna und Sexroom

Wild, wilder, am wildesten – oder sucht jemand Liebe?

Wer spricht da von sexuell verklemmten Schweizer Bünzlis! Gierige Erotomanen scheint mir der treffendere Ausdruck. Das jedenfalls lässt ein Blick in einschlägige Kontakt-Magazine vermuten: «Brauchst du wieder mal ein geiles, nasses Loch, in dem du dich ausspritzen darfst?», bietet sich eine Frau unter den Privatkontakt-Inseraten des «Swiss-Sex-Kontakte»-Magazins an. Eine «junge geile Katze sucht Kater mit geilem, starkem Schwanz», ein Mann sucht «Jungs und Hengste, die riesiges und extremes Gehänge besitzen», ein «frecher Bengel» möchte lieber «Kontakt zu strenger Erzieherin», die ihm «ordentlich und nachhaltig den Arsch versohlt» und auch Paare genügen einander bisweilen nicht: «Attraktives, schlankes Ehepaar (40), sie liebt Dominanz, er den Lustschmerz. Welches schlanke Paar hat ähnliche Interessen und freut sich auf bizarre Stunden in gemütlichem Ambiente?»

Im Erotikmagazin «Okay» geht es im gleichen Ton weiter, und das seitenlang. Der sexuelle Bedarf jedenfalls scheint enorm, das Sexgewerbe boomt. Die 156er-Nummern, zwar nach wie vor massenhaft angeboten, sind schon wieder überholt, wer heute Lust auf Lust hat, klickt sich kurzerhand ins Internet. Sex-Chatbox oder Live-Show inklusive Telefonverbindung zu den Frauen im Kasten sind schon alltäglich; demnächst sollen auf dem Markt Minikameras erscheinen, welche die Sextalk-Partner noch unmittelbarer miteinander verbinden.

Das heisst nicht, dass unmittelbare Verbindung, sprich echter Körperkontakt, überholt ist. Auch hier ist das Angebot scheinbar endlos: Frauen rufen sich einen Callboy oder ein Callgirl oder versuchen es in einem Salon bei einer Prostituierten. Hetero-Männer haben die Qual der Wahl zwischen Strassenstrich, Autostrich, Massagesalon, Saunaclub, gemischter Sauna, Callgirl oder Begleitagentur. Schwule wiederum finden sich in Parks, Cafés, Toiletten, Saunas, Clubs mit oder ohne Schwimmbad, Homodiscos, Darkrooms oder rufen sich einen Callboy. Auch Paare, die gemeinsam etwas Abwechslung suchen, finden diese in der gemischten Sauna, in Paarclubs, beim gemischten Escort-Service und je nach Vorliebe bei einem Callgirl oder Callboy.

Eine dieser Club-Saunas beispielsweise bietet auf 600 Quadratmetern Sauna, Pool, Bar, Livemusik und «romantische Zimmer wie das erotische Sternzimmer» für Männer, Frauen und Paare. Riesensexpartys also? Eher nicht. «Wir sind ein toller und moderner Treffpunkt mit Livemusik zum Flirten oder Geniessen», preist sich der Club an. Tönt eher nach jugendfreiem Tanzschuppen.

Ob sich hier dank romantischer Zimmer auch einfach so die echte Romantik finden lässt, bleibt offen. Immerhin verrät das Inserat: «Dessous werden gerne gesehen.» Und wer auf Sex hinauswill, kann sich in eines der abschliessbaren Zimmer zurückziehen, und wenn sich gleich mehrere Paare finden oder jemand es vorzieht, den Raum für alle offen zu lassen – kein Problem, ein erotischer Sprung liegt im Club ohne weiteres drin. Allerdings: Das Inserat sagt klar «ohne Prostitution». Ein erotisches Erlebnis ist also keineswegs garantiert, und das enttäuscht wohl viele der Männer, die fast immer in der Überzahl erscheinen. Ein Trost: Wer keinen

Kontakt findet, kann immer noch Billard spielen oder im Solarium blasse Haut etwas auffrischen lassen. Oder zu flotter Live-Musik ein paar Schritte für die Fitness tun.

Caesar's, Roma, Zeus, Mars, Pearl's, Gipsy und Club Bahia – die Namen der unzähligen Salons verheissen Abenteuer und Genuss, und die dazugehörigen Inserate-Texte wecken die Neugier. Allen Angeboten ist eines gemein: Sie sind käuflich. Wer zahlt, darf sie in Anspruch nehmen, sobald jemand volljährig ist, spielt es keine Rolle mehr, wie alt, wie schön oder wie sympathisch er oder sie sind. Die Bedingungen sind klar: Geld gegen Befriedigung. Und Geld wird im Sexgeschäft massenhaft umgesetzt. Gesamtschweizerische Zahlen sind keine zu finden, aber allein in der Stadt Zürich laden 345 Sexsalons ein, und die Liste der Callgirl-Nummern in den Tageszeitungen scheinen endlos. Zählt man die 2,5 Milliarden Franken, die jährlich in der Prostitution umgesetzt werden, und die rund 20 Millionen Franken Beate-Uhse-Umsatz zusammen, ergibt das schon eine stattliche Zahl. Und Insider schätzen allein das Deutschschweizer Marktpotential der Erotikshops auf 60 bis 100 Millionen Franken pro Jahr.

Wie kommt es zu diesem enormen Boom im Sexgewerbe? «Ein wesentlicher Teil liegt darin, dass es vielen Männern sehr schwer fällt, in einer sehr intimen Beziehung ihre verletzliche Seite zu zeigen», vermutet die Basler Sexologin und Körperpsychotherapeutin Simone Plüss. «Im Moment tiefster Intimität ist man einander nämlich gefühlsmässig ausgeliefert, und das macht vielen Männern Angst.» Aufgrund ihrer Erfahrung werden diese Ängste vor dem Ausgeliefertsein oft bereits durch die Mütter und die abwesenden Väter geprägt. Daraus resultiert die Angst der Männer vor

Abhängigkeit und auch die Schwierigkeit, sich als Mann einer Frau voll, das heisst mit seiner ganzen Bedürftigkeit, zuzumuten.

Hinzu kommt, dass die Gesellschaft es dem Mann nicht einfach macht: «Viele Männer sind den zahlreichen Anforderungen nicht gewachsen.» Das wackelige Selbstwertgefühl stärken sie dann nur zu gern durch ein Abenteuer sexueller Art. Da lockt natürlich die Bestätigung auf der Cliché-Ebene «toller Mann». Da suchen die Männer gern mal bei Prostituierten oder in Pornos einen Lustgewinn, Lebensfreude, Sinn und das Gefühl «gut, dass ich da bin». Und das Beste, so Simone Plüss: «Das ist ein Kick, für den der Mann nicht viel tun muss, und bei dem er weder in Frage gestellt wird noch sich ausliefern muss.»

Wem der trockene Handel «Sex gegen Geld» zu schnöd ist, der lässt sich über die «Agentur Seitensprung» kurzerhand einen Seitensprungpartner buchen. Das tönt zwar weniger geschäftsmässig, ist aber effektiv genauso ein Deal, bloss lautet er diesmal Sex gegen Sex. Der einzige Haken: Wer Lust auf einen Hupfer hat, muss sich gedulden können. Entweder meldet sich ein Beantworter, eine Tonbandansage, die Nummer sei vorübergehend unterbrochen – oder gar niemand. Die Agentur scheint nicht allzu sehr zu florieren, obschon sich Betreiber Jannis Vagias vor einigen Monaten in der «Annabelle» sehr optimistisch äusserte, es handle sich eindeutig um eine Marktlücke. Rascher geht's wohl doch per Internet. Dort suchen Seitenspringer gleich direkt einen Partner.

Für Simone Plüss ist klar: «Das ist noch komfortabler. Wenn alles schon fixfertig organisiert ist, müssen Männer wie Frauen keine Verantwortung übernehmen, sondern können eine kollektive Berechtigung vorschützen à la ‹Ich bin nicht der Einzige, also ist es okay›.»

Nach wie vor nehmen viel mehr Männer als Frauen die vielen frivolen, manchmal bizarren Angebote auf dem riesigen Sexmarkt in Anspruch. Suchen also doch die Frauen Liebe und die Männer Sex? «Nein», ist Sexologin Simone Plüss überzeugt. «Grundsätzlich suchen Männer genau so Zärtlichkeit und Geborgenheit wie die Frauen, aber die Sozialisation unserer Zeit trainiert den Männern diese Gefühle ab.»

Männer sind stark, Männer sind cool, Männer weinen nicht und Männer stehen über ihren Gefühlen. Alles Unsinn. Aus ihrer Praxis weiss Plüss, dass Männer in Wirklichkeit ein sehr grosses Potential an Zärtlichkeit in sich tragen, sich selber aber durch die männliche Prägung körperlich stark entfremdet sind. «Letztlich suchen sie aber nichts anderes als die Frauen auch: Liebe, Bestätigung und Lebenssinn.»

Ist also jener Mann, der stundenlange, romantische Zärtlichkeit geniesst, ein schlaffer Softie, der stürmische Macho aber ein toller Hecht? Und: Ist die abenteuerlustige Frau völlig trendig, die romantisch verliebte dagegen hoffnungslos langweilig? – Oder, anders gefragt: Ist denn komplett veraltet, wer einfach Sex zu zweit geniessen möchte, mit einem festen Partner, so richtig mit Liebe, Romantik und allem Drum und Dran? «Von veraltet kann keine Rede sein. Die Suche nach Erfüllung, nach Geborgenheit ist ein tiefes, inneres Bedürfnis der Menschen, und das ist völlig zeitlos», protestiert Simone Plüss.

Natürlich spielt ihrer Meinung nach der Zeitgeist immer mit, auch bei Sexualverhältnissen, aber nach wie vor sei für Männer wie für Frauen eine Bezugsperson wichtig. Im Gegenteil: «Pornografie und Prostitution sind in den meisten

Fällen nicht wirklich befriedigend, sondern rein sexuell entladend. Die Libido, das Gefühl von tiefster innerer Zufriedenheit über die eigene Vitalität wird meist nicht gesättigt.»

Da hilft es auch nicht, immer wildere Varianten von Sexualität auszuleben. Die Suche nach der inneren Zufriedenheit kann sich zu einer Sucht entwickeln, die einen treibt, immer wilder, immer weiter zu suchen. Wer sagt's denn: Es ist vielleicht nicht mal das Schlechteste, ein ganz normaler, liebeshungriger Bünzli zu sein. – Oder sind Sie lieber ein gieriger Erotomane?

Ritas Erlebnisse

Mit meiner Erfahrung gehe ich nach wie vor davon aus, dass der Mann von seinem Schwanz geleitet wird, die Frau von ihrem Herz. Jedenfalls ist das Angebot, das ich mache, bei den Freiern sehr gefragt, und ich biete eigentlich alles in einem: Callgirl-Service, Sauna, Begleitagentur und Massagesalon. Heute besteht meine Kundschaft fast ausschliesslich aus heterosexuellen Männern, aber früher befriedigte ich auch schon Paare. In der Regel kommen die Freier ohne ihre Partnerinnen. Hampi ist da eine Ausnahme, der ist so ein geiles Luder, dass er seine Freundin mitnimmt. Während er sich bei den andern Frauen aufgeilt, wartet sie in einem andern Zimmer, bis er dann zu ihr kommt. Zuerst bumst er eine der Prostituierten, dann ist die Freundin an der Reihe.

Früher hatte ich in meinem Salon auch Kundinnen, allerdings kamen sie nur in Begleitung ihres Mannes oder mit Partner. Lesbische Dienste bot ich nicht an, da dies nicht mein Spezialgebiet war. Es ist aber üblich, dass lesbische

Frauen sich eine Prostituierte suchen und deren Dienste in Anspruch nehmen, allerdings ist das Angebot in diesem Bereich noch nicht sehr gross (vergleiche Kapitel «Das doppelte Leben», Seite 150). Einen Mann für ein sexuelles Abenteuer findet eine Frau viel einfacher und fast überall.

Aber öfter mal fragte mich ein Freier, ob seine Frau auch einmal mitkommen könne. Es sei schon lange ihr heimlicher Wunsch – ich vermute allerdings, es war jeweils hauptsächlich sein Wunsch! Würde eine Frau ein Inserat «speziell für Frauen, aber auch Männer willkommen» aufgeben, könnte sie damit vermutlich ein grosses Geschäft machen. Ihre Frau mitzunehmen macht vielen Männern offenbar gar nichts aus. Ein Mann kann nämlich eher akzeptieren, dass seine Frau mit einer andern Frau Sex hat als mit einem andern Mann.

Bringt also ein Freier seine Frau mit, wird diese von der Prostituierten verwöhnt. Der Mann schaut zu, kann sich aufladen und dabei erst noch etwas lernen. Aber am Schluss bumst er seine Frau und nicht die Prostituierte. Er will ja schliesslich auch noch auf seine Rechnung kommen.

Wenn Paare ganz gezielt von mir verlangten, dass ich die Frau befriedigte, und der Mann dabei zuschaute, war mir das ganz recht. Auch wenn die Frau mich befriedigen wollte, war das für mich in Ordnung. Bei diesem Schauspiel wurde er erregt, und für das hatte er bezahlt. War er geil genug, machte er es mit seiner Frau, und ich musste zuschauen. Es war meist ein jämmerlicher Akt: Rauf auf die Frau, ein bisschen rumgemacht und fertig.

Einmal wünschte ein Freier, ich solle seine Frau vor seinen Augen befriedigen. Die Frau war glücklicherweise sowohl attraktiv als auch initiativ, was die Situation für mich enorm erleichterte. Es kostete mich nicht die geringste Überwindung, im Gegenteil, es machte mir sogar wirklich Spass. Der Mann verhielt sich die ganze Zeit über total passiv und schaute uns einfach nur zu. Er war total gebannt von diesem Schauspiel, weil alles viel echter und direkter war als bei meinen sonstigen Spielen mit den männlichen Freiern. Bei dieser Gelegenheit zeigte ich dem Mann auch, wo und wie es für eine Frau schön ist. Er wurde rasch sehr erregt, und am Schluss drang er in seine Frau ein und nicht in mich.

Für mich war das ein sehr schönes und lustvolles Erlebnis. Ich hatte diese Intensität noch nie zuvor erlebt, und wusste bis dahin auch gar nicht, dass ich mich so gehen lassen konnte. Schon einmal zuvor hatte ich es mit einer sehr lieben Freundin im Bett versucht, aber diese Lust fand ich bei ihr nicht.

Das Erlebnis mit dieser Freiersfrau war für mich einmalig und wunderschön. Aber irgendwie hat mir das auch Angst gemacht. Ich spürte plötzlich sexuelle Gefühle in mir, die ich noch gar nicht gekannt hatte. Jedenfalls bin ich diesem Paar in Zukunft immer ausgewichen. Vielleicht war das blöd von mir, ich habe nie mehr dieses intensive Gefühl gehabt, wenn ich später mit jemandem ins Bett gegangen bin. Und auch bei andern Paaren kam nie mehr diese eigene sexuelle Lust auf.

Ganz selten kamen auch Frauen mit, die einfach nur zuschauen wollten, was ich mit ihren Männern anstellte. Diesen Wunsch habe ich immer abgelehnt: Ich fand das irgendwie entwürdigend, und zwar für beide Seiten.

Ein Freier, ein Geschäftsmann, der immer sehr gut bezahlt hatte, kam ungefähr zwei Jahre allein zu mir, bis seine Frau dahinter kam. Auf einmal tauchten sie zusammen in der Nacht um zwei Uhr bei mir auf. Ich erschrak und dachte, dass es nun eine grosse Szene geben würde, wie ich sie auch schon erlebt hatte. Die beiden erklärten mir jedoch, dass die Frau gerne zuschauen würde.

Mit diesem Wunsch war ich allerdings nicht einverstanden. Ich fand es demütigend, dass sie mich kontrollieren wollte. Ausserdem glaube ich nicht, dass es für eine Beziehung gut ist, wenn die Frau ihren Mann mit einer andern bumsen sieht. Das gibt Eifersucht und schlechte Gefühle, die irgendwann wieder auftauchen. Also drehte ich den Spiess um und schlug vor, stattdessen die Frau zu befriedigen, während der Mann dabei zuschaut. So konnte ich mich aus der Affäre ziehen, und was sie von mir dachten, war mir in dem Moment total egal. Sie waren einverstanden, und ich hatte die Fäden wieder in der Hand. Ohne Emotionen oder sexuelle Gefühle ging dann das Schauspiel über die Bühne, aber wenigstens wurde niemand dabei gedemütigt. Als der Freier das nächste Mal alleine kam, bat ich ihn, seine Frau nicht mehr mitzubringen. Mir war es nur wohl, wenn ich das Gefühl hatte, Regie zu führen. Hätte seine Frau zugeschaut, hätte sie geführt, und das wollte ich nicht.

Es ist übrigens gang und gäbe, dass viele Männer gerne zuschauen, wenn ihre Frau mit einer andern Frau Sex hat. Sie glauben, eine andere Frau sei keine Konkurrenz für sie. Ich habe da meine Zweifel. Die grösste Konkurrenz für einen Mann ist in Wirklichkeit eine andere Frau. Doch diese Tatsache nimmt kein Mann ernst – ausser es wird real, dann geht es an die Ehre und wird bedrohlich.

Liebe, Sex und Frauenlügen

War früher alles anders?

Rrums, fliegt der Schlüsselbund auf die Steinplatte vor dem Haus. Die vielen Treppenstufen bis in den dritten Stock sind für Ursula von Wiese zu beschwerlich, sie kämpft mit einer schweren Osteoporose und Diabetes. «Ein altes Wrack», beschreibt sie sich munter, und ein unbekümmertes Lächeln verschiebt die unzähligen Falten in ihrem lebhaften Gesicht. Körperlich mag das zutreffen – auch Augen und Ohren haben schliesslich ihre 94 Jahre hinter sich und dienen nicht mehr gleich gut wie früher – aber geistig ist die Schauspielerin und Schriftstellerin putzmunter und besser auf der Höhe als viele Jüngere.

Das kommt nicht von nichts. Noch heute könnte sie zahlreiche alte Theaterrollen auswendig spielen und wird auch hie und da wieder für ein Stück angefragt. Ferner übersetzte sie rund 300 Bücher aus dem Skandinavischen und Englischen ins Deutsche und schrieb nebenbei selber rund 30 Werke, vom Kinderbuch über verschiedene Koch- und Diätbücher und Romane bis zu einem Aufklärungsbuch namens «Sex-Appeal und Erotik». Letzteres erschien vor 51 Jahren unter dem Pseudonym Sibylle Hilton, damit die Eltern nicht brüskiert wurden, die ihren Kindern das kurz vorher erschienene Jugendbuch «Tim und der Elefant» gekauft hatten. Der Erotik-Ratgeber galt damals bereits als pornografisches Werk.

Tatsächlich redet «Sibylle Hilton» für jene Zeit ziemlich schonungslosen Klartext: «Es ist ungeheuer schwierig, auf dieses Problem (der Frigidität) einen Ratschlag oder eine Hilfe zu geben, da keine Frau jemals wissen wird, warum sie das eine Mal mit relativer Leichtigkeit Vergnügen findet, während es ihr das andere Mal unmöglich ist.» Und sie reisst auch gleich das grosse Aufklärungswerk der Zeit – «Die vollkommene Ehe» des Frauenarztes und Sexualforschers Theodor Hendrik van der Velde – von seinem Podest: «Das Buch, das einer ganzen Generation als sexueller Ratgeber diente, hat viele Frauen enorm verunsichert.»

Van der Velde füllte nämlich nicht nur eine Wissenslücke, indem er den weiblichen Orgasmus sozusagen «erfand», sondern erklärte den jungen Frauen auch gleich, wie sie diesen Orgasmus erleben müssten, um überhaupt ein glückliches, eheliches Sexualleben zu geniessen. «Beim normalen und gesunden Koitus muss der gemeinsame Orgasmus ungefähr zur selben Zeit stattfinden», forderte er kühn und beschrieb wissend, was die Frau dabei zu fühlen hatte. Demnach löst die männliche Ejakulation durch Stimulation des weiblichen Zentralnervensystems «in weniger als einer Sekunde» die Klimax aus. – «Zu schön, um wahr zu sein», kommentierte Ursula von Wiese trocken.

Paradoxerweise empfanden viele junge Frauen eine tiefe Dankbarkeit gegenüber dem Mediziner, der, wie sie glaubten, für ihre Rechte kämpfte – und verfielen in riesige Minderwertigkeitsgefühle, wenn sie nicht den von van der Velde angepriesenen gemeinsamen Orgasmus erlebten. Die Männer auf der anderen Seite lernten aus van der Veldes Erkenntnis rein gar nichts. Sie glaubten fortan, sie müssten bloss der Vorbereitung und dann der Klitoris ein wenig Aufmerksamkeit widmen, damit alles klappte. «Dann sind sie stolz auf ihre Fähigkeiten und glauben, die Liebeskunst zu beherrschen», schreibt «Sibylle Hilton» sarkastisch. Schliesslich bemühte sich doch seither jeder gebildete Mann um das Vergnügen der Frau. Aber so viel stand fest: Wenn die Frau keinen Orgasmus erleben konnte, war das ihre Schuld – sie war einfach frigid und fühlte sich dementsprechend erotisch minderwertig.

Offenbar fühlten viele Frauen so – alle zu Unrecht. «Eine ausführliche, vertrauliche Umfrage unter Frauen führte zum Resultat, dass nicht eine einzige der Befragten den ‹normalen Geschlechtsakt› in der von van der Velde beschriebenen Form erlebt hatte», beruhigt Hilton/von Wiese in ihrem Buch. Damit will sie aber nicht sagen, dass die Frauen nie einen Orgasmus erlebt hätten: «Tatsache ist, dass von ihrem Gefährten viel Geduld, Takt, Feingefühl und Intuition erforderlich wären, damit sie den Orgasmus erreichen kann – das heisst die intime Übereinstimmung der echten Liebe und der erotischen Kultur.» Oder, wie es schon Balzac in seiner «Physiologie du marriage» so schön sagte: «Die Fähigkeit des Mannes liegt nicht darin, schwungvoll und kräftig zu handeln, sondern gut zu handeln.» Er vergleicht die Frau mit einem Instrument, das sein Geheimnis nur dem preisgibt, der es zu berühren versteht. Wie romantisch – und wie wahr! Leider gingen seine Ratschläge ziemlich ungehört unter.

Ursula von Wieses Buch «Sexappeal und Erotik» ist heute allenfalls noch in Antiquariaten erhältlich, sie selbst erinnert sich nur noch ungenau an das, was sie geschrieben hat. «Aber es hat noch immer seine Gültigkeit», ist die vierfache Mutter, die mittlerweile fünf Grosskinder und zwei Urgrosskinder hat, überzeugt. Im Gegensatz zu jenem Buch von van der Velde: Nach der Lektüre des Buches versank sie zunächst in ebenso tiefer Scham wie all die anderen Frauen, weil sie sich frigide wähnte. Später lernte sie den Frauenarzt in Ascona persönlich kennen und erkannte, wie arglos sich dieser von einer Frau das Blaue vom Himmel vorlügen liess. «Wie kann ein Mann annehmen, dass Frauen, ausser beim Psychiater oder unter Freundinnen, ihm mir nichts dir nichts die Geheimnisse ihres Schosses offenbaren?», fragt sie. Von Wiese jedenfalls erzählte ihm bereitwillig alles, was er von ihr hören wollte – ohne sich bei ihren Schilderungen im Geringsten an die Wahrheit zu halten.

Für die jung gebliebene Schriftstellerin ist seit diesem Erlebnis ganz klar: «Es liegt keineswegs an der Unfähigkeit der Frau, wenn sie kein erfülltes Sexualleben geniesst.» Lässig zündet sie sich eine Zigarette an, trinkt einen Schluck aus ihrer monströsen Teetasse und beginnt zu philosophieren: «Eigentlich passen Mann und Frau überhaupt nicht zusammen – das war schon so, als ich noch jung war, und hat sich bis heute nicht geändert!» Und sie muss es wissen: In ihrem Leben hat sie unzählige Liebhaber und ihre Fähigkeiten kennen gelernt. Die genaue Zahl lässt sie unter einem diskreten Schleier des Vergessens verschwinden, aber es war «eine stattliche Anzahl».

Etwa alles Ausnahmen und tolle Erotikkünstler? «Ach nein, alles andere als das», lacht sie ausgelassen. «Aber ich habe den Sexakt trotzdem genossen, obwohl ich gar kein Triebmensch bin. Im Vordergrund stand für mich stets eine Hingabe mit ungeheurer Wollust», erzählt sie begeistert und streicht sich eine rot gefärbte Haarsträhne aus der Stirn. Ihr war die Gefühlswelt wichtig, nicht der Orgasmus. Umso klarer ist für sie: «Männer haben keine Ahnung, was eine Frau braucht, und von Zärtlichkeit haben sie sowieso keinen blassen Dunst. Sie bumsen bloss.» Deutliche Worte einer alten Dame! Sie lacht ungerührt: «Ist doch wahr, oder nicht?», und Rita pflichtet ihr aus tiefstem Herzen bei.

Ändern, so Ursula von Wiese, könnten das aber nur die Frauen selbst. «Die Mütter müssten ihren Söhnen Zärtlichkeit und Verständnis für die Frauen beibringen», fordert sie junge Frauen auf. Sie war seinerzeit noch zu scheu, wusste zwar wohl, dass ihr Sohn nächtliche Samenergüsse hatte, wagte aber nicht danach zu fragen oder das Thema Sexualität anzuschneiden. «Ich hoffte, mein Mann würde mit ihm darüber reden.» Heute hätte sie derartige Hemmungen nicht mehr, könnte das Thema leichter angehen, «so gewissermassen als Lehrbuch statt als Mutter».

Sie selbst war bis zu ihrem ersten Liebesabenteuer völlig unaufgeklärt. «Ich war wie erstarrt, und es tat weh. Ich hatte mir eingebildet, irgendetwas geschehe mit dem Nabel», beschreibt sie das Erlebnis in ihren Memoiren*. Freundinnen unter sich sprachen natürlich schon über Intimes, aber da seinerzeit keine Frau wirklich aufgeklärt war, konnte auch keine sagen, wie es wirklich war. Und mit ihrem längst verstorbenen Mann könnte die aufgeschlossene Schriftstellerin auch heute noch nicht über sexuelle Wünsche reden: «Ich glaube, man macht eine Beziehung kaputt, wenn man ständig über Sexualität diskutiert. Heute wird ununterbrochen darüber geredet, und damit geht alles Geheimnisvolle verloren.» Sie ist überzeugt: «Die Natur, der Trieb des Joggeli, lässt sich ohnehin nicht unterdrücken.»

---

* Ursula von Wiese, «Vogel Phönix. Stationen meines Lebens», Klio-Verlag Bern, 1994

Diesen Trieb ordnet sie schlicht als Missgriff der Natur ein. Stattdessen schlägt sie in ihren Memoiren vor: «Unter all den Sexualbüchern, die es gibt, sollte es eines geben, in dem Frauen ihr Erleben in der ‹Hochzeitsnacht› schildern. Es würde den Männern gut tun, es zu lesen.» Eine gute Idee, aber welche Frau erzählt ihre Erlebnisse, ohne sie zu beschönigen? Immerhin ist es nach wie vor so, dass auch sonst moderne Frauen die Schuld für ein misslungenes Schäferstündchen bereitwillig auf sich nehmen.

Das findet die kultivierte Schriftstellerin nicht in Ordnung. Trotzdem plädiert sie für Verständnis: «Da ein Mann gar nicht anders kann, sollten die Frauen versuchen, den Menschen von der Sexualität zu trennen.» Genauer gesagt: Wenn sich ein Mann im Allgemeinen feinfühlig und aufmerksam verhält, sollte die Frau ihm nachsehen, wenn er sich im Bett wie ein Rowdy benimmt, und ihn stattdessen als Menschen lieben. Und einen sexuellen Versager findet sie sowieso toll: «Das deutet auf einen höchst sensiblen, feinfühligen Mann und heisst bloss in den allerwenigsten Fällen, dass der Mann an sich impotent ist – den muss eine Frau unbedingt behalten.»

Bei ihrem Mann Werner Johannes Guggenheim fuhr sie jedenfalls gut mit dem Motto: «Man soll die Menschen nicht ändern». Fünfzehn «einmalig wunderbare» Ehejahre erlebte sie mit ihm, bevor er an Herzversagen starb. Das Thema Untreue kam in dieser Zeit auch nicht im Entferntesten in Frage, als «hundertprozentig monogamen Ritter ohne Fehl und Tadel» beschreibt sie ihn liebevoll. «Und was hätten Sie gesagt, wenn er zu einer Prostituierten gegangen wäre?», fragt Rita gespannt. Ursula von Wiese nimmt einen Schluck Tee aus ihrer gigantischen Tasse, zündet sich wieder eine Zigarette an. «Das hätte ich ebenso als Untreue gewertet wie eine Affäre», sagt sie dann gelassen.

Mit Prostituierten an sich hat sie aber nicht das geringste Problem, sieht es im Gegenteil als etwas «ganz Natürliches» und findet es lächerlich und neidvoll, wenn prüde Frauen auf Prostituierte hinunterschauen. Allerdings hätte sie als Frau eines Puffgängers vor Geschlechtskrankheiten Angst gehabt. Ursula von Wieses Grossvater mütterlicherseits starb an Syphilis. Wieder verschieben sich die lebhaften Runzeln zu einem pfiffigen Lächeln: «Aber wenn das möglich wäre, möchte ich mal acht Tage lang ein Mann sein, ganz vieles ausprobieren und wissen: Aha, so ist das.»

Sie mag nämlich Männer und findet Männerhass reinen Quatsch. Trotzdem freut sie sich, dass immer mehr Frauen in wichtige Positionen drängen. Bloss eines bedauert sie: dass heute alle Geheimnisse gelüftet sind, über alles so viel geredet wird. «Alles ist so laut geworden, junge Mädchen kreischen ihre Verehrung für Yeah-Yeah-Boys lauthals in die Menge. Früher schwärmten wir ganz still und hüteten das Geheimnis in unseren Herzen.» Sie, die ja selber Schauspielerin ist, schwärmte beispielsweise innigst für einen Kölner Schauspieler, hätte sich aber niemals getraut, beim Bühneneingang auf ihn zu warten. Heute für viele unvorstellbar. Aber sie ist überzeugt, dass das Herzklopfen bei der durchgeistigten Liebe, die sie früher erlebte, heftiger gewesen sei. «Wir waren innerlich reicher und glücklicher. Heute ist alles so schnelllebig.»

Die alte Dame kommt ins Sinnieren. «Trotzdem muss man aufpassen und nicht darauf pochen, früher sei alles besser gewesen.» Denn das sei eine Illusion. Genauso wie die Idee: Wenn man bloss könnte, würde man es heute anders machen – man macht's ja dann doch nicht anders. Ursula von Wiese lacht verschmitzt: «Mit zwanzig war ich sowieso zu dämlich, um es anders zu machen.» Und dass im Alter alles vorbei ist, Sexualität und Gefühle den Jungen gehören, bestreitet sie lebhaft: «Reinster Unsinn!» Sie selber verliebt sich noch heute «munter drauflos» und kennt eine Schauspielkollegin, die mit 80 Jahren gar ihren ersten Orgasmus erlebte.

Gerne hätten wir weitere Geschichten aus alten Zeiten und ihrem reichen Erfahrungsschatz gehört, nur ungern tauchen wir aus ihren Erzählungen wieder auf. Als wir uns herzlich verabschieden, winkt die vife Dame fröhlich und scheint weniger erschöpft vom Gespräch als wir beide.

Von wegen altes Wrack. Ihre Ansichten sind alles andere als antik, sondern zeitlos und aktuell.

Ritas Rückschau

Was für eine tolle Frau: Sogar auf indiskrete Fragen hat sie völlig ungeniert geantwortet! Ich fühle mich trotz des Altersunterschiedes von fast vierzig Jahren völlig mit ihr verbunden. Vieles von dem, was sie erzählt, zum Beispiel wie sie die Sexualität der Frau erlebt hat, kenne ich aus eigener Erfahrung. Und über die Art der Männer haben wir so ziemlich die gleiche Ansicht ...

Mein Lieblingswitz gefiel Ursula von Wiese jedenfalls ausgesprochen gut: Ein Mann möchte von seiner Frau Oralsex. Sie tut ihm den Gefallen, müht sich ab und bringt ihn zum Orgasmus. Kommentar des Mannes: «Und, war ich gut?» – Genau so sind für mich die Männer. Sogar wenn die Frau die ganze Arbeit erledigt, möchte er noch hören, welch toller Hengst er ist!

Darin hat sich der Mann wahrscheinlich in den letzten Jahrhunderten nicht geändert. Auch die «grosse Lüge», die Ursula von Wiese erwähnt, ist an sich die gleiche geblieben. Nach wie vor wagen sich die allerwenigsten Frauen, ihre sexuellen Wünsche zu formulieren, weil sie sonst das Ego des Mannes zerstören könnten, und spielen ihm dafür einen Orgasmus vor. Und das ist so einfach ... Ich zum Beispiel wurde im Lauf meiner Berufstätigkeit eine Meisterin im Orgasmus-Vorspielen und wandte das auch kräftig im Privatleben an. Eigentlich doof, ich hätte mich gescheiter auch dort dafür bezahlen lassen!

Letzthin fand ich in einer Frauenzeitschrift eine Anleitung, wie frau den Orgasmus perfekt vorspielen kann – gemeint war sie eigentlich für den Mann, damit er herausfinden kann, ob seine Frau einen echten Höhepunkt erlebt oder ihn bloss vortäuscht. Demnach muss sie ihre Brustwarzen kurz hartreiben, leer schlucken (weil ja der Mund trocken wird), ihren Hals reiben, damit er rot wird, und schliesslich ihre grossen Zehen nach oben biegen. Aber ich denke, die Frauen sind so klug, dass sie sich bessere Sachen einfallen lassen, um den Mann zu täuschen.

Denn diese sind ja so einfach zu täuschen. Wenn ich einer meiner Frauen im Beisein eines Freiers verspreche: «Mit dem wirst du den besten Orgasmus deines Lebens haben», dann wissen sie, was sie zu tun haben und legen eine Supershow hin. Und die Freier geniessen es mit gestelltem Kamm. Es gibt sogar schon spezielle Gleitcrèmes, die man weit in die Scheide einführen kann, damit er sie nicht von Anfang an bemerkt. Sie fliesst dann erst später heraus, und der Mann glaubt, die Frau ströme über vor Lust. Das finde ich erstaunlich, was heute alles für die Frau gemacht wird.

Noch schöner wäre jedoch, wenn die Männer endlich wirklich so gut würden, dass die Frauen nichts mehr vorspielen müssen. Stattdessen haben mittlerweile schon die Männer die blödsinnige Mode angefangen zu prahlen, sie hätten ebenfalls schon viele Orgasmen vorgetäuscht. So à la «Trallala, was ihr könnt, können wir auch!» Quatsch! Eigentlich sollten alle Frauen zusammenhalten und keine einzige mehr einen Orgasmus vortäuschen, auch die Prostituierten nicht. Da müssten sich die Männer ganz gewaltig etwas einfallen lassen! Denn sie schieben nach wie vor den Frauen die Schuld zu, wenn diese keinen Spass am Sex finden. Auf die Idee, dass es an ihnen liegen könnte, kommen die wenigsten.

Daher stimme ich völlig mit Ursula von Wiese überein: Wir sollten weniger, aber gezielter über Sexualität reden und aufklären. Vor allem dürfte nicht mehr so viel Schmuddel angeboten werden, sondern wieder vermehrt Aufklärung mit Stil, zum Beispiel nach dem Vorbild jener Sendung mit Erika Berger, in der sexuelle Probleme nicht so reisserisch, dafür ohne Tabu besprochen werden.

Manchmal frage ich mich allerdings, ob die Jungen heute überhaupt noch Fragen haben. Mir kommt es fast vor, als stünden sie vor lauter überaufklärung wie vor einem Tisch voller Desserts: übersättigt – und auch überfordert. In dieser Masse von Sexangeboten wissen sie gar nicht mehr, was auswählen!

Tatsächlich ist es dagegen reinster Humbug, sich vorzustellen, im Alter sei es mit Sex vorbei. Ich kenne ein frisch verliebtes Paar, sie ist 75, er 83 Jahre alt – und sie harmonieren sexuell super! Das sexuelle Bedürfnis hört nie auf, auch nicht, wenn ein Glied total schlapp bleibt. Ich hatte mal einen 85-jährigen Freier, der sogar katheterisiert war und schon lange kein steifes Glied mehr kriegte – aber einen Orgasmus erreichte er immer, und zwar nicht erst nach mühevollen Stunden, sondern nach etwa einer Viertelstunde. Natürlich spielte da das geflügelte Wort «Jung gewohnt, alt getan» eine Rolle. Bevor seine Frau krank wurde und schliesslich starb, hatte Felix täglich Verkehr mit ihr. Und danach kam er zu mir und blieb ein treuer Stammkunde, bis er mit 89 starb. Geilheit hat nichts mit der Standfähigkeit zu tun, Lust ist immer möglich.

Genauso verhält es sich mit der Frau nach den Wechseljahren: Sie kann unter Umständen etwas weniger feucht sein – muss aber nicht –, ansonsten kann sie aber die Sexualität viel gelöster und freier geniessen. Sie muss sich ja nicht mehr vor einer Schwangerschaft fürchten und hat keine Menstruationsbeschwerden mehr, kann sich also so gesehen sogar unbeschwerter auf die Lust konzentrieren. Wer glaubt, es sei vorbei, sind bloss die Männer. Sie haben sowieso das Gefühl, nach der Menopause könnten sie die Frau wegwerfen. Dann suchen die Reichen sich eine junge Geliebte, die weniger Reichen kommen ins Puff. Dabei ist es doch ein Irrglaube zu meinen, Alter und Sexualität vertrügen sich nicht. Der Mann ist immer orgasmusfähig, ebenso die Frau. Und wenn sein Glied mal nicht mitmacht, kann er die Frau immer noch anderweitig stimulieren.

Übrigens ist der Aberglaube «nach 10 000 Schuss ist Schluss» völliger Nonsens – dann fängt es erst richtig an! Aber ich erlebe tatsächlich junge Freier, die sich ihre «Schüsse» einteilen wollen, damit sie bis ins Alter reichen ...

Ich glaube, auch die sexuellen Vorlieben und Wünsche haben sich nicht gross verändert, bloss spricht man heute viel offener über Eigenarten. Aber Sadomaso ist beispielsweise seit Marquis de Sade bekannt, und der hat im 17. Jahrhundert gelebt.

Allerdings wissen die meisten nicht genau, wovon sie bei SM sprechen, und meinen, um dominant im sexuellen Sinn zu sein, genüge es, wild auf den andern loszuschlagen, egal wo, Hauptsache, es tut weh. Das ist ein Irrtum. Es geht immer um ein gezieltes Schlagen und ein präzises Verteilen der Schläge. Der Masochist sucht seine eigene, ihm individuell angepasste Strafe. Der eine braucht seine Ohrfeigen, der andere den Urin. Viele wollen auch angespuckt werden, doch manchmal reicht es schon, einen Freier im Badezimmer einzusperren und nicht zu beachten, wie einen Hund, der nicht folgsam war.

Eine gute Domina muss sich in kurzer Zeit auf einen Freier einstellen können. Meine Frauen im Puff habe ich zuerst nur dabei zuschauen lassen, wie ich die Freier dominiere, ohne mit ihnen Sex zu haben oder selber nackt zu sein. Nachher besprach ich mit ihnen diese «Therapie», und nach einiger Zeit konnten sie es selber versuchen. Sie mussten auch lernen, sich zu beherrschen und nicht irgendeine Wut, die sie gerade im Bauch hatten, an den Freiern auszulassen, denn das hat mit gezielter Dominanz nichts mehr zu tun.

Man tastet die Empfindlichkeit des Freiers Schritt für Schritt ab. Meistens habe ich mit einem leichten Ziehen an den Hoden angefangen oder habe meine Nägel hineingebohrt. Solange sein Glied steif bleibt, ist die «Dosierung» richtig, sonst ist sie entweder zu stark oder zu schwach.

Wenn jemand zum ersten Mal den Salon besucht und Sadomaso wünscht, ist es wichtig zu wissen, in welche Richtung er neigt. Ist er schon so hart, dass er Käfige oder ein Kreuz braucht, oder genügt eine sogenannt «leichte Erziehung»? Dann ist die Fantasie der Domina gefragt, sie muss entscheiden, wie sie mit ihm umgeht. SM-Kunden werden schnell abhängig, wollen jedoch jedesmal wieder etwas Neues geboten bekommen. Das kostet unheimlich viele Nerven und verlangt eine grosse Schauspielkunst. Die ständige Präsenz ist das Wichtigste: Der Freier muss spüren, dass wir auch in Gedanken in dem Moment voll bei ihm sind.

Ich konnte als Domina sehr viel lernen und wurde eher respektiert als von 0815-Freiern, die mich nach dem Sexspiel oft wie den letzten Dreck behandelten, mich am liebsten mit einer Fliegenklatsche weggefegt hätten. Masochisten achten die Prostituierten ganz anders.

Wenn ich im nächsten Leben wieder als Prostituierte arbeiten sollte, würde ich von Anfang an als Domina arbeiten, und zwar richtig nach dem Motto «gib ihm». Man verdient viel mehr, kann die Freier länger halten und das öde Palaver fällt weg. Keiner kommt mit irgendwelchen Geschichten, die man abhören muss, und der Respekt vom Sklaven zur Domina ist viel grösser: Es läuft so, wie die Domina es bestimmt und nicht anders. Daher werden auch Grenzen von Masos besser akzeptiert als von andern Freiern.

Oft habe ich selber allerdings Angst gehabt, bis an die Grenze des Möglichen zu gehen. Wenn einer zum Beispiel wollte, dass ich mich auf ihn setze und ihm mit meinen Knien den Hals zudrücke, oder wenn er es gerne möglichst blutig haben wollte, reagierte ich zurückhaltend. Das kann ganz schön gefährlich werden.

Auch im «wirklichen Leben», im Alltag, akzeptieren Masochisten die Frauen wohl mehr als die andern Männer. Sie stellen die Frauen gerne über sich und können auch problemlos unter einer Chefin arbeiten. Manchmal träumen sie vielleicht sogar im Alltag von ihrer Domina, die unerreichbar ist. Wenn der Sklave den Frauen unterwürfig begegnet, so ist das für ihn bereits ein sexuelles Gefühl. Zuvorkommendes Verhalten kann ihn aufgeilen, ohne dass die betreffende Frau die leiseste Ahnung davon hat.

Oft habe ich langjährige Freier nach ihrer Kindheit gefragt, weil es mich interessiert hat, warum sie das brauchen. Meistens war die Mutter oder der Vater die extrem dominante Person. Bei den beruflich höher gestellten Freiern spielt vor allem der Drang mit, neue Dinge auszuprobieren. Normaler Sex interessiert sie schon lange nicht mehr. Andere wollen einfach mal aus Neugier so etwas erleben, damit sie mitreden können, denn gerade bei Männern in Machtpositionen sind SM-Spiele weit verbreitet.

Ich habe auch Freiern, die keine ausgesprochenen SM-Typen waren, diese Spiele angeboten, um sie von ihren extremen Forderungen und von anderen Perversionen abzulenken. So konnte ich meine Schutzmechanismen entwickeln. Es ist schwierig, jemanden von der harten Dominanz wieder wegzuführen, denn SM macht süchtig und verlangt nach immer neuen Steigerungen.

Ein 25-Jähriger stand zum Beispiel hauptsächlich auf Ohrfeigen. Nur so war ihm eine Erektion überhaupt möglich. Nach einer gewissen Zeit äusserte er aber selber den Wunsch, davon loszukommen. Er war sich bewusst, dass er mit der Zeit die Reizschwelle immer höher ansetzen müsste, und das jagte ihm Angst ein. Ich versuchte daraufhin, die «Dosis», in seinem Fall die Ohrfeigen, wie bei einem Süchtigen Schritt für Schritt zu reduzieren. Je mehr er nach Schlägen verlangte, umso weniger gab ich sie ihm. Das bedeutet, die Schläge wurden schwächer und die Ohrfeigen immer weniger.

Nach mehreren Treffen innerhalb eines Jahres war er so weit, dass er auch ohne Ohrfeigen erregt war und normal Verkehr haben konnte. Leider wechselte er den Wohnort und suchte dort erneut eine Domina auf, die ihm das Gewünschte geben konnte. Er kam dann noch einmal zu mir, und alles war wieder wie früher. Er konnte nur noch mit Ohrfeigen erregt werden, und alles ging wieder von vorne los. Ich blieb konsequent, weil er ja selber davon loskommen wollte, aber nach einigen Treffen entzog er sich meiner Therapie. Meiner Meinung nach ist alles, was in Richtung Sadomaso geht, eine Sucht. Es wird immer öfter und extremer gewünscht, damit die Reizschwelle möglichst erhöht werden kann.

Ursula von Wiese hat recht, wenn sie sagt, heute sei ein Teil des Geheimnisses weg. Auch ich wuchs noch ziemlich unaufgeklärt auf, zur Zeit meiner Eltern mussten sämtliche Kinder auf Befehl den Kopf wegdrehen, wenn auf einer Wiese der Stier eine Kuh besprang. Heute steht das zwölfjährige Nachbarsmädchen locker daneben und hört ungeniert zu, wenn ich mit seiner Mutter bespreche, wie ihr Hunderüde wohl an meiner Hundedame üben müsste. Heute wissen schon ganz Junge über Sex in allen Formen Bescheid, und dadurch ist wohl wirklich ein Teil des Geheimnisses – und damit auch ein Teil des Reizes – verloren gegangen. Dafür fallen viele Verknorztheiten von früher weg.

Sex über alles – wo bleibt die Erotik?

Männer, Macht und Milieu oder Gefühle, Geschmack und Genuss

Penislänge hier, Penissteife dort: Glaubt man Werbung und Stammtischgesprächen, zählt der Penis beim Mann vielerorts immer noch mehr als der Kopf. Vom Gefühl ganz zu schweigen. Auch heute noch geistert der Aberglaube durch Machoköpfe, ein grosses, eindrucksvolles Geschlecht beweise Männlichkeit, Macht und Potenz.

Werbung, Filme, Literatur und Machogehabe von Mitmännern untermauern diesen Glauben nach Kräften, setzen scheinbar gültige Normen und können im schlimmsten Fall zu schweren Minderwertigkeitskomplexen führen. Wie das Beispiel eines 85-Jährigen, der in einer Talkshow zum Besten gab, er brauche einfach fünfmal pro Tag einen Orgasmus.

Da mag manch ein Jüngerer sein Selbstbewusstsein begraben, wenn er bloss ein-, zweimal monatlich das Bedürfnis nach einem sexuellen Höhepunkt empfindet. Dabei befindet sich ein solcher Mann in Wirklichkeit in viel besserer Gesellschaft als der Lustgreis. «Normal ist zweimal pro Tag für den einen, einmal alle zwei Monate für den anderen. Eine Regel gibt es nicht», definiert der belgische Autor des Bestsellers «Der Pinsel der Liebe»*, Bo Coolsaet. Und doch machen viele Männer ein derartiges Aufheben über ein

---

* Bo Coolsaet, «Der Pinsel der Liebe. Leben und Werk des Penis», Kiepenheuer & Witsch, 1999

grossartiges und leistungsfähiges Anhängsel. Wer so etwas nicht bieten kann, verkriecht sich verschämt in die hinterste Ecke der Männerdusche – oder greift zu Penispumpe und Viagra.

«Viagra kam für die Männer als Rettung zur rechten Zeit», bestätigt Coolsaet, der in Antwerpen als Urologe und Androloge praktiziert. «5000 Jahre lang bestimmte der Mann, wann und in welcher Form er Sex wollte, und benutzte die Frau eigentlich nur als Masturbations-Objekt. Damit ist nun plötzlich Schluss: Die Frau bestimmt über ihre Position in einer Beziehung, sie entscheidet, ob sie einen Liebhaber, einen Versorger oder einen Vater für ihre Kinder sucht.»

Coolsaet kennt die vielfältigen Sorgen und Nöte seiner Geschlechtsgenossen aus jahrelanger Praxistätigkeit und stellt immer wieder fest, dass sich medizinische Probleme des Penis oft nicht vom emotionalen Aspekt trennen lassen.

Das grösste Problem des heutigen Mannes: Er muss sich ein neues Image kreieren – und weiss nicht wie. «Der Mann ist in seinen intellektuellen Möglichkeiten begrenzt, lebt durchschnittlich sechs Jahre weniger lang als die Frau, seine stärkeren Muskeln sind in Zeiten des Computers überflüssig – und nun muss er auch noch am Arbeitsplatz ertragen, dass eine Frau über ihm steht.»

Schwere Kost für den Mann, der sich seiner naturgegebenen Vormachtstellung jahrtausendelang so sicher war und immer noch stark auf seine Genitalien als Machtsymbole fokussiert ist. Versagen nämlich diese Genitalien unter dem Druck der Zeit, bleibt von der Virilität (männliche Kraft) nicht mehr viel übrig, dann entpuppen sich die vermeintlichen Stärken des Gliedes, also die Erektion und die Ejakulation, ganz schnell als Schwächen. «Virilität ist reine Illusion», fasst Bo Coolsaet trocken zusammen.

Das ist der Punkt, an dem die Prostituierten ins Spiel kommen: Fühlt sich der Mann zu Hause nicht mehr als vollwertiger Mann, sucht er die Bestätigung bei einer anderen Frau – und sei's gegen Bezahlung. Da funktioniert der Verdrängungsprozess ganz hervorragend, nur zu gern nimmt er Lob und Ermunterung für bare Münze. Kommt noch ein weiterer Punkt hinzu: «Für Sex sieht der Mann immer Frauen, die attraktiver, erregender und anziehender sind als die eigene – und das wird nie aufhören», so Coolsaet. Schlechte Aussichten für die Frau. Muss sie also einfach akzeptieren, dass Männer ständig jagende Hirsche bleiben? Nicht unbedingt, formuliert Coolsaet vorsichtig.

Er begründet die männliche Ruhelosigkeit damit, dass ein Mann sein Leben lang auf der Suche nach der einzigen allumfassenden, wunderbaren Liebe bleibt, nämlich der Mutterliebe, die er bei der Geburt unwiederbringlich verliert. «Eine so enge, vollkommene Liebe wie im Mutterleib finden wir unser ganzes Leben lang nie mehr», sagt Coolsaet nüchtern. Was hat das aber mit unersättlichem Rammeln zu tun? Für Coolsaet sehr viel: «Da ein Junge seine erste emotionale Beziehung mit der Mutter pflegt, die ja vom anderen Geschlecht ist, kann er Liebe und Sex nicht trennen und sucht daher immer über einen phallo-genitalen Kontakt diese immense Liebe wieder herzustellen.» Leerer Sex statt erfüllte Liebe ist das Resultat.

Die Frauen haben es da einfacher. Sie können klar zwischen Liebe und Sex trennen, da ihre erste gefühlsmässige Bindung mit einem gleichgeschlechtlichen Wesen stattfindet. Sexualität kommt erst ins Spiel, wenn sie ihren Vater entdecken. Bis dahin hat die Frau aber längst gelernt, Liebe und Sexualität zu trennen, im Gegensatz zum Mann, der beides immer verwischt sieht und sich entsprechend hilflos verhält. So gesehen wirkt dieser eher wie ein armes, verlorenes Würstchen als wie ein wildernder Bock.

Der Experte bringt es auf einen simplen Nenner: «Eigentlich hat ein Mann nur zwei Möglichkeiten: Er kann unersättlich werden oder impotent.» Unersättlich, wenn er allzu hungrig nach einer grossen, intensiven Gefühlsbeziehung sucht, oder impotent, wenn er innerlich eine zu enge Beziehung ablehnt. Wiederum keine Spur von der vielgerühmten Virilität. Dafür ein weiterer Grund, bei einer Prostituierten Zuflucht zu suchen. Für die einen keine Gefahr allzu enger Gefühle, für die anderen eine Möglichkeit, die Lücken in seinen Gefühlen mit allerlei Fantasien anzufüllen. Dies kann ein Mann zwar auch bei seiner Frau, aber dort holt ihn meist der Alltag rasch ein. Das Ganze ist eine Art männliche Schizophrenie. Vor lauter Suchen nach der grössten Liebe vergessen die Männer, ihre zweitgrösste Liebe zu pflegen.

Allerdings sieht Bo Coolsaet einen Hoffnungsschimmer am Horizont. Bei seinen Patienten spürt er zunehmend den Wunsch nach Wiederbelebung der tiefen, erfüllenden Liebe. Dafür ist es auch höchste Zeit: «Wir haben die Liebe vergessen und konzentrieren uns nur noch auf Sex – das hinterlässt ein Gefühl grosser Traurigkeit.» Immer wildere Auswüchse der Pornografie lassen uns immer leerer zurück, die Normen sind zu weit verschoben. Wollen wir diesem Kreislauf entrinnen, bleibt uns nur eine Möglichkeit, nämlich uns wieder auf echte Liebe zurückzubesinnen.

Wann ist Liebe echt? Coolsaets schon beinahe poetische Definition: «Echte Liebe ist jene, in der sich zwei Individuen so sehr als zusammengehörig empfinden, dass sie zusammen mehr sind als die Summe aller Teile.» Denn punkto Sexualität sind wir am Ende des Möglichen angelangt, und wenn es uns nicht gelingt, etwas vom Geheimnis der Liebe zurückzuholen, stehen wir am Ende ausgebrannt da. «Burnout-Syndrom in der Sexualität», nennt das der Fachmann.

Dabei warnt der Professor davor, Verliebtheit mit Liebe zu verwechseln. Das euphorische Glücksgefühl der Verliebtheit, welches mitunter auch verheirateten Menschen den Verstand raubt, ist zwar wunderschön, aber letztlich niemals von Dauer. Spätestens nach drei, vier Jahren verblasst die Leidenschaft, lassen die Pheromonproduktion und die Adrenalin-Ausschüttungen nach, welche das Knieschlottern und Herzpochen verursachen. Nur wenn es gelingt, die Verliebtheit in echte Liebe und damit gegenseitigen Respekt umzuwandeln, hat die Beziehung noch eine Chance. Die Ausrede vom überwältigenden Trieb, der den Mann unvermeidlich auch in fremde Betten treibt, lässt der Männerkundige dagegen nicht gelten, dafür gebe es nicht den geringsten biologischen Grund: «Der Körper schafft sich bei Bedarf ganz von alleine Erleichterung, wenn nötig scheidet er den Samen halt mittels nächtlichem Erguss aus.»

Ich wundere mich: Der belgische Professor kreidet die Schwächen des Mannes und seines kleinen Kollegen schonungslos an und beschreibt auf der anderen Seite wissend die Gefühle der Frau. Wo steht denn Bo Coolsaet in diesem Szenario? Ist er der neutrale Dritte? Er lacht sein sympathisch anschwellendes Lachen, sucht seine Worte sorgfältig: «Ich versuche mich von der männlichen Position wegzubewegen und mich auf das weibliche Denken und Fühlen einzulassen», erklärt er. «Der Mann muss seine Überheblichkeit auf Null zurückschrauben und sich von dort aus auf die Ebene der Frau hochschrauben.» Gelegenheit, das weibliche Wesen zu entdecken, hatte er in zwanzig «sehr glücklichen, harmonischen» Ehejahren und als stolzer Vater «dreier schöner Töchter» zur Genüge.

Prostituierte zu entdecken hat ihn jedoch nie gelüstet – sagt er jedenfalls. Das einzige Mal, als er einen Fuss in ein Bordell setzte, tat er es bloss, um den Prostituierten bei einer Abstimmung mit einer Unterschriftensammlung zu helfen. Denn diese haben für ihn durchaus einen wichtigen Stellenwert. «Manchmal stellen sie die letzte Hoffnung für einen Mann dar», weiss er. Zum Beispiel für jene, die von ihren emanzipierten Ehefrauen auf die Rolle des Versorgers und damit auf ihren Geldwert reduziert werden und sich dafür von einer Prostituierten gegen Geld wieder aufpäppeln lassen. Oder für jene, die sexuelle Schwierigkeiten haben.

Dabei könnte auch eine Sprechstunde bei Doktor Coolsaet Abhilfe schaffen; der Urologe hat in seiner Praxis fast alles gesehen, was rund um das männliche Glied so passieren kann, und kennt vielerlei Kniffe. In seinem aufschlussreichen Buch verrät er, dass beim vorzeitigen Orgasmus regelmässiges Trainieren der Beckenbodenmuskulatur sowie gezielte Übungen zur Ejakulationskontrolle helfen, während bei einem Herpesbefall des Penis eine Salbe oder Tabletten nötig sind. Überhaupt gelangt man bei der Lektüre zur Überzeugung, dass Glied und Hoden äusserst anfällige Organe sind: Was da alles passieren kann, von der Hodentorsion über Prostata-Entzündung und Latexkondom-Allergie bis hin zum Penisbruch! Alles in allem ein sehr gebrechliches Männlichkeitssymbol. Bo Coolsaet bestätigt: «Ja, das männliche Glied ist ein äusserst delikates Organ.»

Und zwar weltweit; überall kennen die Männer das Problem vom widerspenstigen Glied, das nicht mehr will, was sein stolzer Träger gern will. Und überall zeigen sie sich ausserordentlich fantasievoll im Finden von Hilfsmitteln. Die Japaner essen giftigen Fugu-Fisch, der entweder eine gewaltige Erektion auslöst – oder bei schlechter Zubereitung den Tod. Immerhin: «Wer dabei dann unverhofft sterben sollte, verlässt die Welt garantiert mit erigiertem Penis – in jedem Fall ein Gewinn», schreibt Bo Coolsaet sarkastisch. Andere Aphrodisiaka wie die Spanische Fliege oder Nashornpulver dagegen verbannt er in die Ecke der Missverständnisse: In beidem sind Stoffe enthalten, die über den Harn ausgeschieden werden und dabei ein prickelndes Gefühl hinterlassen. Das heisst aber noch gar nichts: «Denn ein gereizter Penis ist noch lange kein steifer Penis.» Ein tragisches Missverständnis zu Lasten der vom Aussterben bedrohten Nashörner.

Auch legendäre Riesenschildkröten auf einer südamerikanischen Insel fallen hie und da dem Potenzwahn der Einheimischen zum Opfer: Dem Männchen, das nach jahrelangem Werben sechs Monate lang – «ich lüge nicht, das ist die reine Wahrheit» – mit erigiertem Penis auf dem Weibchen liegt und immer wieder zu Höhepunkten der Lust anwächst, wird nach einem stillen Tanzritual ebendieser erigierte Penis abgeschnitten. Die ranghöchsten Inselbewohner, in der Regel zugleich die ältesten und damit jene mit den grössten Potenzproblemen, teilen das wundersame Organ unter sich auf und zerkauen es genüsslich, «um so ihr eigenes geschwächtes oder gar scheintotes Glied aufs Neue zum Leben zu erwecken». Die darauf folgenden Kopulationen sollen Stunden, ja Nächte andauern. Ein ziemlich makabrer Weg zum Orgasmus, der deutlich zeigt, wie hoch die Leistung des Penis bei den Männern in aller Welt gewertet wird.

Tatsächlich beginnt bereits im Alter von drei Jahren, sobald die Knaben ihr Geschlecht realisieren, eine ausgedehnte Entdeckungstour rund um den Penis. Zweck, Aussehen und Möglichkeiten des Penis üben eine immense Faszination aus, schon kleine Jungen sind getrieben herauszufinden, was das Ganze bedeutet, vergleichen miteinander und weben stolze wie auch ängstliche Gedanken darum.

Dabei geht es nicht einmal um den Penis als Organ, sondern als Teil der männlichen Identität. Trotzdem hat der Mann kaum anständige Namen für sein bestes Stück gefunden. Eine unvollständige Sammlung reicht von technischen Bezeichnungen wie Geschlecht, Gemächt, Penis und Phallus über nichtssagende wie Latte, Riemen oder Rute und vulgäre wie Schwanz oder Fickprügel, bis hin zu lustigen und beinahe liebevollen wie Pimmel, Pipi, Lümmel, Dick, Schwengel, Schnäbi, Schniedelwutz, kleiner Herr, Mr. Wiggley und Joggeli.

Mit seinem «Pinsel» schafft Bo Coolsaet eine neue Dimension, er sieht den Phallus nicht mehr als Machtinstrument, um «aufgeblasene Virilität» zu beweisen, sondern möchte seine Geschlechtsgenossen ermuntern, ihn einmal ganz anders einzusetzen. «Mit einem Pinsel malt man etwas Schönes – und selbst die Leinwand geniesst die Berührung», beschreibt er fast lyrisch. Um auf der Leinwand ein Kunstwerk zu schaffen, müssten die Männer aber von ihrer Fixierung auf das Geschlechtliche wegkommen und wieder mehr auf Erotik zurückkommen: «Früher hatte ein Mann schon eine Erektion, wenn bloss der Brustansatz einer Frau sichtbar wurde – heute regt sich kein Glied mehr, wenn eine Frau splitterfasernackt vorbeispaziert.»

Vor allem einmal müssten die Männer vom Leistungsgedanken wegkommen, der sie treibt, sich im Bett gleich zu verhalten wie bei der Arbeit: «Sie wollen etwas leisten, am liebsten schnell leisten, schnell zu einem Ergebnis kommen.» Dabei vergessen sie einen wesentlichen Punkt, die Sinnlichkeit. Bo Coolsaet pflegt sie ganz bewusst, geniesst schöne Musik, kraftvolle Gemälde, ein delikates Essen oder einfach intensive Stimmungen: Regentropfen im Sonnenschein, der Geruch sonnenbeschienener Blumen ...

Er gerät ins Schwärmen und ereifert sich dann: «Wie arm sind da jene, die ausschliesslich auf den Penis konzentriert sind.» Diese Männer vernachlässigen den ganzen Körper zu Gunsten des Gliedes. «Wieviel intensiver, wieviel intimer kann doch Küssen sein, welches viel besser der Liebe entspricht als ein genitaler Kontakt», ruft Coolsaet leidenschaftlich. Und wenn es denn mit sexueller Lust verbunden sein soll, wäre das eine schöne Vision: Männer, die mit einfühlsamen Pinseln den Liebeshimmel ihrer Partnerin rosa streichen.

Ritas Eindruck

Für die meisten Männer bedeutet ihr Schwanz allumfassende Macht, Verherrlichung, zum Teil sogar ihr Leben. Mir haben genügend Männer gesagt, ohne den möchten sie nicht mehr leben ... Dementsprechend bezeichnen die Freier ihr Glied oft als ihr «Filet», ihr bestes Stück, oder wenn sie auf die Toilette gehen, wollen sie «ihrem besten Freund die Hand geben». Das Glied, ihr A und O. Lieber würden sie sich den Kopf zu Brei schlagen lassen als dass eine Wespe ihren «kleinen Freund» sticht.

Wenn ich auf Spaziergängen von einem Typen allzu heftig angepöbelt werde, wehre ich mich sehr wirkungsvoll, indem ich drohe, ihm seine Eier kaputtzuschlagen. Das wirkt, dann verstummen sie, weil sie befürchten, ich täte es wirklich. Die Eier sind nämlich vielen ebenso wichtig wie der Schwanz, oft genug habe ich ein Paar präsentiert erhalten mit der Frage: «Liegen sie schön, sind beide gleich gross, ist der Sack nicht zu lang?» Und immer wollten sie wissen, wie es bei den anderen im Vergleich sei. Wie Billardspieler, die ihre Kugeln positionieren ...

Auch das Glied musste ich natürlich immer und immer wieder einstufen: Ist es schön gerade, lang und dick genug? Auch wenn einer eine krumme Banane hat, präsentiert er sie stolz: Ist es denn wenigstens die schönste Banane, die es gibt? Die Farbe spielt dagegen keine Rolle, von grau bis violett liegt alles drin; und auch, ob am Glied oder Hodensack Warzen, Herpesbläschen oder Talgpickel hocken, ist dem Mann egal: Hauptsache, seiner ist der tollste. Und das glaubt prinzipiell mal jeder. Auch wenn unter der Vorhaut dieses «tollen» Dings ein Riesenhaufen Zieger hervorquillt, stört das keinen.

Bo Coolsaets Beobachtung, dass die Männer ein grosses Problem mit dem Machtverlust haben, kann ich nur bestätigen, das erlebe ich täglich. Sie können nicht damit umgehen, dass Frauen von heute viel eigenständiger und sexuell unabhängiger sind, das wirkt sich verheerend auf ein schwaches Selbstbewusstsein aus und macht den Männern Angst.

Interessanterweise bereiten starke, eigenwillige Frauen nicht in erster Linie den älteren Männern die grössten Sorgen, sondern besonders den jungen. Sie laufen im Kreis: Sie können mit ihrer emanzipierten Frau zu Hause nichts anfangen und kommen ins Puff, um wieder das Heimchen am Herd zu finden. Haben sie zu Hause das Heimchen am Herd, suchen sie auswärts die Vulgäre oder Dominante. Anders als Coolsaet gehe ich aber davon aus, dass jeder Mann Sex sucht und nicht bloss die Mutterliebe. Und wenn das dann wirklich wahr wäre, hätten wir es ja mit lauter Ödipussen zu tun ...

Ich weiss zum Beispiel von einem Freier, der zu Hause eine sexuell sehr aufgeschlossene Frau hat, die mit ihm sogar Paarclubs besucht. Aber er kommt ins Puff und will, dass man als Hausfrau verkleidet am Kochherd steht. Und er spielt dann den Verführer und den dominanten Vergewaltiger. Wenn man mit ihm darüber redet, kann er sich selber nicht erklären, warum er diesen Rollentausch braucht.

Oft beklagen sich Freier bei mir darüber, dass ihre Frauen fremdgehen. Sie suchen dann Trost im Puff, und das bis dreimal wöchentlich ... Und wenn ich sie frage, was sie denn hier eigentlich veranstalten, entgegnen sie mir: «Das ist doch nicht dasselbe, ich bin schliesslich ein Mann.»

Das ist aber nicht das einzige Problem unserer Gesellschaft, ich glaube, ein wichtiger Punkt ist, dass Paare nicht miteinander reden. Die Frauen haben zum Teil keine Ahnung von allem, weil die Männer nicht über ihre geheimen Wünsche sprechen. Es gibt auch Männer, die sagen, dass sie mit ihren Frauen zu Hause nicht darüber reden können und aus diesem Grund fremdgehen, und manchmal habe ich den Eindruck, als seien sie richtig froh darüber.

So haben sie eine Entschuldigung dafür. Aber wenn die Frauen dann dahinter kommen, bekommen sie noch den Vorwurf, sie hätten halt kein Verständnis.

Es gibt natürlich schon Freier, denen es überhaupt nicht wohl ist in ihrer Haut. Die durchaus ein schlechtes Gewissen haben, dass sie ins Puff gehen. Im Kopf hingegen erstellen sich die meisten den Freibrief: «Meine Frau macht halt das nicht so, wie ich möchte. Ich würde doch nie in einen Salon gehen, wenn ich zu Hause auf meine Rechnung käme. Mit ihr reden kann man ja auch nicht, sie wäre total schockiert.»

Diese Männer geben sich gar keine Mühe, mit ihren Frauen zu reden. Und im Grunde genommen suchen sie auch nicht ernsthaft ein Gespräch oder eine Auseinandersetzung. Es ist für sie so bequemer und sie können ihr schlechtes Gewissen beruhigen.

Ich überlege mir manchmal, ob ich nicht eine praktische Therapie für Paare mit sexuellen Problemen anbieten soll. Das könnte eine Hilfe für betroffene Paare sein. Frauen kommen in ihren Beziehungen sexuell meistens zu kurz. Es gibt Männer, die ins Puff gehen und von ihren Frauen absolute Treue verlangen – das ist ungerecht. Ab und zu zeigen sie der Frau, dass sie noch potent sind, damit soll sie zufrieden sein und sich stillhalten. Wenn hingegen eine Frau fremdgeht, ist das für die Männer sofort ein Scheidungsgrund.

Frauen zeigen oft mehr Verantwortung, sie wollen die Familie zusammenhalten, stecken ihre eigenen Bedürfnisse zurück und überlegen sich, was sie alles aufs Spiel setzen. Geht frau wirklich einmal fremd, investiert sie viel mehr Gefühle. Der Mann kann eher Herz und Sex trennen.

Wenn ein Mann gefragt wird, ob ihm seine Frau treu sei, ist sich jeder ziemlich sicher, fast überheblich sicher: «Hundertprozentig ist sie mir treu, ihr sagt Sex sowieso nichts.» Auf die Idee, dass die Frau bloss keine Lust mehr auf ihn hat, kommt er nicht.

Nach dem ersten Buch «Susanne D.» wandten sich viele Frauen an mich, die vielleicht noch nie mit jemandem offen über Sex geredet hatten. Und immer ging es um das gleiche Thema: «Der Mann – was ist der Mann? Meiner ist weder gut im Bett noch hat er einen schönen Körper, und trotzdem führt er sich auf wie ein Platzhirsch.»

Das sagen sogar Frauen meiner Generation, von denen man auf den ersten Blick meinen könnte, dass sie nach dem Herrgott gleich ihre Männer anbeten. Sie machen sich keine Illusionen mehr, sind zum grossen Teil auch nicht mehr für sexuelle Experimente zu haben und wären wahrscheinlich eher dafür, dass eine Prostituierte ihren Mann mit Spezialitäten bedient. Ein älterer Freier zum Beispiel, der auf Schwulenpornos steht, ist in einem Puff besser bedient, als wenn seine Ehefrau ihm solche Pornos organisieren müsste.

Für viele dieser Frauen wäre es eine Überforderung, sich mit sexuellen Sonderwünschen auseinander zu setzen. Wenn der Mann auf SM-Spiele steht, merkt eine Prostituierte das sofort und ist nicht schockiert darüber. Sie kennt die ganze Palette dieser Spiele, wird bezahlt für ihre Dienste und lässt sich nicht emotional mit ihm verstricken. Eine Prostituierte macht, sie lässt nicht machen. Sie hält die Fäden in der Hand, auch bei einem 0815-Freier.

Aber offenbar fällt selbst in unserer aufgeklärten Zeit den meisten das Reden über Sexualität, über Wünsche und Fragen noch wahnsinnig schwer. Dabei sollten auch Männer offen fragen, wenn sie etwas über die weibliche Sexualität nicht wissen. Woher sollten sie es denn wissen, wenn keine Frau es ihnen sagt? Immer wieder fällt mir der Mann ein, der mit dreissig Jahren zu mir kam, um endlich einmal eine Frau genau anschauen zu können. Ich habe mich über ihn gestellt, alles erklärt und ihm gezeigt, wie es bei einer Frau da unten so aussieht. Er war erleichtert, dass er nun keine Hemmungen mehr zu haben brauchte, dass ich ihn aufgeklärt hatte. Vielleicht hätte aber eine Geliebte ohne weiteres diese Aufklärung übernommen – wenn er den Mut gehabt hätte, sie darauf anzusprechen.

Das geht aber für mich in dasselbe Kapitel wie jener Sexual-Therapeut, mit dem ich über den therapeutischen Aspekt der Prostitution sprach. Eigentlich wollte er von mir wissen, wie ich darüber denke und inwiefern eine Prostituierte auch eine Art Sex-Therapie betreibt. Das Gespräch lief dann ziemlich umgekehrt: Der Therapeut klagte mir, der Ex-Prostituierten, drei Stunden lang, wie verzwickt sich das Sexualleben mit seiner Frau gestalte, weil beide auch ausserehеliche Beziehungen pflegten. Er fragte schliesslich, ob das normal sei, wenn sich seine Frau mit dem gleichen Bettgefährten öfter treffe als abgemacht.

Zu guter Letzt gestand er mir, dass er wohl mit dieser Situation nicht zurecht komme und sich wahrscheinlich scheiden lasse, damit er eine neue Ein-Ehe eingehen könne. Aber mit seiner Frau besprach er das Problem scheinbar nicht, erst mit einer ehemaligen Sexarbeiterin getraute er sich, offen zu seiner Eifersucht zu stehen! Und verhielt sich dann auch gleich weiterhin typisch männlich: Als ich ihm ein Kompliment über sein Aussehen machte – er ist wirklich ein schöner Mann –, sagte er bloss, ich hätte ihn ja noch gar nicht nackt gesehen ...

Als wir schliesslich in den letzten fünf Minuten unseres Gesprächs doch noch zum Thema kamen, kehrte er den Spiess um und warf mir vor, ich hätte die Freier nicht therapiert, sondern abhängig gemacht. Das stimmt, natürlich habe ich etliche von sadomasochistischen Praktiken abhängig gemacht, weil mir das nützte – aber ihnen doch letztlich auch. Ich bin allerdings nach wie vor davon überzeugt, dass ich mit meiner Arbeit einige Vergewaltigungen oder Kindsmissbräuche abwenden konnte. Abgesehen davon braucht mir gerade jener Therapeut als Letzter Vorwürfe zu machen. Er seinerseits will andere therapieren, während er sein eigenes Sexualleben nicht im Geringsten im Griff hat.

Ja, ja, immer wieder dieses dominante Glied ...

Illusionen ohne Ende

Ritas Nachspiel

Sind noch irgendwelche Illusionen übrig? Hoffentlich, denn ohne Illusionen fehlt den Menschen etwas Wesentliches. Ich muss allerdings anfügen, dass ich meine persönlichen Illusionen nicht im Laufe meiner Tätigkeit als Prostituierte verloren habe: Es mag erstaunlich klingen, aber die Illusionen zerstören konnten mir nur jene beiden Männer, die ich geliebt habe (vergleiche «Susanne D.»). Alle anderen Männer konnten mir gar nie nahe genug treten.

Ich habe schon so viele Illusionen hinter mir gelassen, und trotzdem schmiede ich wieder neue Zukunftspläne. Ich will nicht stehen bleiben, und was ich mache, versuche ich gut zu machen. Ich spüre aber, dass die Zeit näher rückt, in der ich nicht mehr eine gute Puffmutter sein kann, weil mich die Arbeit immer weniger befriedigt.

Genau betrachtet dominiert nämlich der Sex heute mein Leben mehr denn je. Früher machte ich nach der Arbeit die Tür hinter mir zu und traf Kolleginnen und Kollegen, die nicht in diesem Gewerbe tätig waren. In meiner Freizeit redete ich prinzipiell nicht über Sex. Seit dem DOK-Film und meinem ersten Buch ist es zwar ganz toll, wie viele Leute mich kennen und mit mir reden wollen – aber immer nur über Sex! Mittlerweile gelte ich wohl als eine Art Sex-Profi. Klar, diese Tatsache hilft mir bei meiner Aufklärungsarbeit und lässt die Prostitution aus der Unterwelt auftauchen, andererseits macht es mir Mühe, dass mein Leben nur noch auf dieses Thema reduziert ist.

Stattdessen möchte ich mich in absehbarer Zeit mit einer Schafherde auf eine Alp zurückziehen. Ich teste vorläufig noch in den Ferien eine einfache Alphütte ohne Strom und mit Plumpsklo, so richtig Natur pur, und hoffe, dass mich mal ein asexueller Schäfer ein Jahr lang mit auf die Alp nimmt.

Vorläufig kämpfe ich aber immer noch gegen die Doppelmoral.

Freiern lässt man die Illusion, sie seien wohlanständige Bürger, die sich ab und zu diskret ein erotisches Erlebnis gönnen. Dies gestehen sich die Männer – darunter einflussreiche Politiker, Juristen, Geschäftsleute – ohne weiteres zu, stützen einander gerade auf höchster Ebene, und die Rechte liegen immer noch klar auf der Seite des Freiers. Weigert er sich zum Beispiel zu bezahlen, kann die Prostituierte das Geld niemals einklagen. Solange es im Portemonnaie des Freiers liegt, ist es unantastbar. Wir kassieren das Geld deshalb immer vorher, um uns wenigstens notdürftig abzusichern. Das ist aber auch das Einzige, womit wir uns schützen können. Umgekehrt ist das Geld, das eine Prostituierte verdient, von AHV und Steuerämtern sofort einklagbar – nicht zu vergessen die Mehrwertsteuer: Sobald die Prostituierte das Geld in der Hand hat, kann sie betrieben werden. Ist aber die Mehrwertsteuer berechtigt, wenn unsere Arbeit ja «nur» eine Dienstleistung ist und nicht einmal als richtiger Beruf anerkannt wird?

Insgesamt schützt die Gesellschaft also die Illusionen aller, auch jene der Ehefrauen, denen weiter suggeriert wird, eigentlich gebe es uns gar nicht oder eben nur für die anderen Männer. Einer Prostituierten dagegen werden sämtliche

Illusionen grob zerstört, indem sie einerseits von der Gesellschaft verachtet, andererseits aber sehr wohl berücksichtigt wird, sobald Steuern fällig sind.

Meine Forderung wäre, unseren Job mit einer genauen Berufsbezeichnung zu legalisieren. Dann gäbe es auch keine Frauen mehr, die unter Zwang diese Arbeit ausführen müssten. In einem Anstellungsvertrag wären die Arbeitszeit, der Lohn, die Anstellungsbedingungen und alles andere geregelt. Dies wäre ein Schutz für die Frau.

Und auch für die Saloninhaberin wäre es besser, ihre Arbeit wäre vertraglich geregelt, damit auch sie geschützt ist. Wenn ich zum Beispiel meinen Frauen befehle, nicht ohne Gummi zu arbeiten, so kann mir das schon als Zwang ausgelegt werden. Die Frauen arbeiten ja selbständig erwerbend bei mir, sie müssen Steuern und AHV zahlen. Nach Gesetz ist bis heute bloss festgelegt, dass die Prostituierte maximal 30 Prozent ihrer Einnahmen abgeben muss.

Alles ist viel zu ungefähr, hängt wie ein Mobile in der Luft und bietet zu wenig Schutz: Solange es schön im Wind hängt, funktioniert alles bestens, allerdings nur, bis mal einer daran herummacht. Und jeder kann an den Fäden herumschnipseln, wie es ihm gerade passt. Eine Legalisierung könnte das verhindern. Wenn gegen dieses laue Gesetz, so wie es heute besteht, eine Initiative ergriffen würde, könnte es sofort gekippt werden. Man war sich aber bisher immer allzu sicher, weil den Prostituierten ja eh keine Rechte zustehen und sie immer noch als Menschen dritter Klasse gelten. Wenn sie sich wehrten, glaubte ihnen bis anhin sowieso keiner.

Heute bin ich mir da allerdings nicht mehr so sicher, ich sehe Licht am Ende des Tunnels. Mittlerweile fangen die

Leute an, mich ernst zu nehmen – und damit auch meine Berufskolleginnen. Ich werte das als ganz grossen Schritt nach vorn.

Aus diesem Grund habe ich die Illusion, ich könnte mit meinen Veröffentlichungen etwas wirklich Entscheidendes bewirken, noch nicht ganz verloren. Aber nicht, indem ich die Namen meiner Bundeshaus-Freier bekannt gebe, das ändert nichts. Alles, was ich will, ist einmal mehr die schmierige Doppelmoral erwähnen und hoffen, dass gewisse scheinheilige Politiker wenigstens nicht mehr für eine weitere Amtsperiode ins Bundeshaus gewählt werden.

Oder ich kann meine Position nutzen und mich für die Stellung der Prostitution einsetzen. So wie es Alexander Tschäppät in seinem Schlusswort in der «Arena» formulierte: «Die Politiker sollten sich besser für die Probleme der Prostituierten einsetzen.» Zwischen den Zeilen erwähnte er gar, es wäre nicht schlecht, wenn der Beruf offiziell anerkannt würde. Ein Super-Schlusswort, Herr Tschäppät. Aber inzwischen ist mehr als ein Jahr vergangen, ohne dass sich etwas geändert hat. Ich möchte Sie gerne beim Wort nehmen.

Wer weiss, vielleicht gelingt es mir, mit diesem Buch ein bisschen mehr Achtung und Toleranz gegenüber Prostituierten auf der einen Seite und Kritik gegenüber den Freiern auf der anderen Seite wachzurufen. Aber vielleicht ist auch das nur eine weitere Illusion ...

Es leben die Illusionen!

Bücher und Artikel zum Thema

Rita Dolder/Juliana Balmer
Susanne D. Ein Leben als Prostituierte, Zytglogge, 1997

Bo Coolsaet
Der Pinsel der Liebe. Leben und Werk des Penis, Kiepenheuer & Witsch, 1999

Joachim Scharwächter
Halleluja-Jo. Vom Zuhälter zum Heilsarmee-Offizier, Brendow Verlag, 1989
Maske ab! Aus dem Alltag des Halleluja-Jo, Brendow Verlag, 1990
Das Mädchen mit dem kalten Blick, Brendow Verlag, 1992

Ursula von Wiese alias Sibylle Hilton
Sex Appeal und Erotik. Brevier für Liebeskultur, Albert Müller Verlag, 1948
Vogel Phönix. Stationen meines Lebens, Klio-Verlag Bern, 1994

Philipp Balzer / Klaus Peter Rippe
Philosophie und Sex. Zeitgenössische Texte
Deutscher Taschenbuchverlag, München, Herbst 1999

Igor Primoratz
Prostitution, Encyclopedia of Applied Ethics, Academic Press, Volume 3, 1998

Sibyl Schwarzenbach
Contractarians and Feminists Debate Prostitution
New York University, Review of Law & Social Chance, 1990

Pierre Dufour
Weltgeschichte der Prostitution. Von den Anfängen bis zum Beginn des 20. Jahrhunderts, Eichborn, 1998

Josy Meier / Thomas Geiger
Seele mieten. Gespräche mit Drogenprostituierten und ihren Freiern
Paranoia City Verlag, 1993

Projekt Hydra
Freier. Das heimliche Treiben der Männer, Galgenberg, 1991

NZZ Folio
Sexgeschäfte, Nr. 1, Januar 1999

Spiegel Special
Liebe. Ein Gefühl wird erforscht, Nr. 5/1995

Barbara Lukesch
Die Männer wollen getäuscht werden, Weltwoche Nr. 50, 10. Dezember 1998
Der zusätzliche Kick, Weltwoche Nr. 53, 31. Dezember 1998

Die Autorinnen

Rita Dolder

Geb. 1943, hatte nach 33 Jahren Arbeit als Prostituierte genug und stieg aus ihrer aktiven Tätigkeit aus. Heute führt sie einen kleinen Salon auf dem Land und kennt die Illusionen dieses Gewerbes von allen Seiten. Nach ihrem ersten Buch «Susanne D.» stieg sie plötzlich aus dem Dunkel der Verdrängung auf und wurde zur gefragten Medienfigur, sozusagen salonfähig.

Claudia Weiss Gerber

Geb. 1968, arbeitet als freie Journalistin und Autorin in Bern. Die Recherchen zu diesem Buch machte sie teils mit deutlich sichtbarem Schwangerschaftsbauch, und das Buchmanuskript lieferte sie zwei Wochen vor der Geburt ihres dritten Kindes ab ...